# OEUVRES CHOISIES

## DE

# COLIN D'HARLEVILLE.

# SENLIS,

IMPRIMERIE STÉRÉOTYPE DE TREMBLAY.

# OEUVRES CHOISIES

## DE

# COLIN D'HARLEVILLE.

### Iᵉ PARTIE.

## PARIS,

### CHEZ Mᵐᵉ VEUVE DABO,

A LA LIBRAIRIE STÉRÉOTYPE, RUE DU POT-DE-FER, Nº 14.

## 1823.

# L'INCONSTANT,

## COMÉDIE,

## PAR COLLIN D'HARLEVILLE,

Représentée, pour la première fois, le 13 juin 1786.

---

« Il tourne au premier vent, il tombe au moindre choc;
« Aujourd'hui dans un casque, et demain dans un froc. »

BOILEAU, Sat. 8.

---

# NOTICE
## SUR COLLIN D'HARLEVILLE.

JEAN-FRANÇOIS COLLIN D'HARLEVILLE naquit à Mévoisin près Chartres, le 30 mai 1750. Son père, dont il étoit le huitième fils, l'envoya à Paris, où il acheva ses études. Il entra ensuite chez le procureur; mais la chicane ne convenant point à la douceur et à la franchise de son caractère, il y cultiva la poésie bien plus que la procédure, qu'il ne tarda pas à abandonner tout-à-fait.

La perte encore récente de cet estimable et fécond auteur sera très long-tems sensible aux amateurs du théâtre. Indépendamment des pièces qu'il a fait jouer sur la scène françoise, il en a composé plusieurs autres bien dignes d'y figurer, mais qui, n'ayant été représentées que sur le théâtre Louvois, ne seront pas, par cette raison, détaillées dans la présente notice.

Le premier ouvrage de Collin fut *l'Inconstant*, comédie en cinq actes, en vers, représentée pour la première fois le 13 juin 1786. Cette pièce a depuis été réduite en trois actes par son auteur. C'est ainsi qu'on la donne aujourd'hui, et qu'il l'a fait imprimer dans la collection de ses ouvrages peu de temps avant sa mort.

Deux années après *l'Inconstant*, parut *l'Optimiste*, comédie en cinq actes, en vers, jouée pour la première fois le 22 février 1788. Cette pièce eut un très grand succès, et le public la voit toujours avec plaisir.

L'année suivante, le 20 février 1789, Collin donna *les Châteaux en Espagne*, comédie en cinq actes, en vers. Les trois premiers actes furent très applaudis; les deux autres n'ayant pas été accueillis favorablement, l'auteur les refit en entier. Sa pièce reparut le 10 mai suivant, et obtint le plus grand succès.

*M. de Crac dans son petit Castel*, comédie en un acte, en vers, donnée, pour la première fois, le 14 mars 1791, fut bien accueillie, et est restée au théâtre.

*Le Vieux Célibataire*, comédie en cinq actes, en vers, mise au théâtre le 24 février 1792, obtint le plus brillant succès. Cette pièce est généralement regardée comme le meilleur ouvrage de son auteur.

*Rose et Picard*, ou *la Suite de l'Optimiste*, petite comédie en un acte, est une pièce de circonstance qui fut jouée, pour la première fois, le 16 juin 1794. Elle obtint un succès d'estime.

L'année 1796 vit paroître deux comédies en cinq actes, en vers, de Collin, les dernières qu'il ait fait jouer au Théâtre François; l'une, *les Artistes*, donnée, pour la première fois, le 9 novembre, ne réussit point. Réduite à quatre actes, elle fut mieux accueillie le 15 du même mois. L'autre, intitulée *Être et Paroître*, tomba à la première représentation, qui eut lieu le 22 du même mois. L'auteur la retira le lendemain.

*Les Mœurs du jour*, ou *l'École des Jeunes Femmes*, comédie en cinq actes, en vers, mise au théâtre le 26 juillet 1800, fut jouée seize fois avec un grand succès.

*Le Veuf Amoureux*, ou *la Véritable Amie*, comédie en trois actes, en vers, donnée le 30 mai 1803, fut mal accueillie, et n'a point reparu.

Collin fut nommé membre de l'Institut lors de la formation de cette société. Cet estimable auteur n'a jamais joui d'une bonne santé. Il finit sa douloureuse carrière à Paris le 24 février 1806, des suites d'une maladie de poitrine.

# PERSONNAGES.

FLORIMOND, l'Inconstant.

ÉLIANTE, jeune veuve angloise.

M. DOLBAN, oncle de Florimond.

LISETTE, suivante d'Éliante.

CRISPIN, valet-de-chambre de Florimond.

M. PADRIGE, l'hôte.

La scène est à Paris, dans un hôtel garni, appelé l'*Hôtel de Brest.*

# L'INCONSTANT,

## COMÉDIE. [1]

Le théâtre, pendant toute la pièce, représente un salon.

~~~~~~~~~~~~~~~~~~~~~~~~~~~~~~~

# ACTE PREMIER.

———

## SCÈNE I.

FLORIMOND, *en uniforme,* CRISPIN.

### FLORIMOND.

Je te revois enfin, superbe capitale !
Que d'objets enchanteurs à mes yeux elle étale !
De l'absence, Crispin, admirable pouvoir !
Pour la première fois, il me semble la voir.

### CRISPIN.

Je le crois. Mais, monsieur, quelle affaire soudaine
De Brest, comme un éclair, à Paris nous amène ?

### FLORIMOND.

D'honneur ! jamais Paris ne me parut si beau.
Quelle variété ! c'est un mouvant tableau.
L'œil ravi, promené de spectacle en spectacle,
De l'art, à chaque pas, voit un nouveau miracle.

———————————

[1] Cette pièce fut d'abord jouée en cinq actes.

CRISPIN.

Il est vrai. Mais ne puis-je apprendre la raison
Qui vous a fait ainsi laisser la garnison?

FLORIMOND.

La garnison, Crispin? Je quitte le service.

CRISPIN.

Vous quittez?... Quoi, monsieur, par un nouveau caprice?

FLORIMOND.

Je suis vraiment surpris d'avoir, un mois entier,
Pu supporter l'ennui d'un si triste métier.

CRISPIN.

Mais j'admire en effet votre persévérance :
Un mois dans un état ! quelle rare constance !
Depuis quand cet ennui?

FLORIMOND.

Depuis le premier jour.
J'eus d'abord du dégoût pour ce morne séjour.
Dans une garnison, toujours mêmes usages,
Mêmes soins, mêmes jeux, toujours mêmes visages.
Rien de nouveau jamais à dire, à faire, à voir :
Le matin on s'ennuie, et l'on bâille le soir.
Mais ce qui m'a surtout dégoûté du service,
C'est, il faut l'avouer, ce maudit exercice.
Je ne pouvois jamais regarder sans dépit
Mille soldats de front, vêtus du même habit,
Qui, semblables de taille, ainsi que de coiffure,
Étoient aussi, je crois, semblables de figure.
Un seul mot, à la fois, fait hausser mille bras;
Un autre mot les fait retomber tous en bas :
Le même mouvement vous fait, à gauche, à droite,
Tourner tous ces gens-là comme une girouette.

CRISPIN.

Cependant...

FLORIMOND.

Je pourrai changer d'habillement,
Et ne te mettrai plus...

CRISPIN.

Je vous plaignois, vraiment.
*(Touchant l'habit de son maître.)*
Pauvre disgracié! va dans la garde-robe
Rejoindre de ce pas la soutane et la robe.
Que d'états! je m'en vais les compter par mes doigts.
D'abord...

FLORIMOND.

Oh! tu feras ce compte une autre fois.

CRISPIN.

Soit. Sommes-nous ici pour long-temps?

FLORIMOND.

Pour la vie.

CRISPIN.

Quoi! Brest?...

FLORIMOND.

D'y retourner, va, je n'ai nulle envie.

CRISPIN.

Et votre mariage?

FLORIMOND.

Eh bien! il reste là.

CRISPIN.

Mais Léonor?

FLORIMOND.

Ma foi, l'épouse qui voudra.

CRISPIN.

J'ignore, en vérité, si je dors, si je veille :
Vous la quittez, monsieur, le contrat fait, la veille?

FLORIMOND.

Falloit-il, par hasard, attendre au lendemain?

CRISPIN.

Là... sérieusement, vous refusez sa main?

FLORIMOND.

Pour le persuader, il faudra que je jure!

CRISPIN.

Ah! pouvez-vous lui faire une pareille injure?
Car que lui manque-t-il? Elle est jeune, d'abord.

FLORIMOND.

Trop jeune.

CRISPIN.

Bon, monsieur!

FLORIMOND.

C'est une enfant.

CRISPIN.

D'accord,
Mais une aimable enfant : elle est belle, bien faite...

FLORIMOND.

Je sais fort bien qu'elle est d'une beauté parfaite;
Mais cette beauté-là n'est point ce qu'il me faut :
J'aime sur un visage à voir quelque défaut.

CRISPIN.

C'est différent. J'aimois cette humeur enjouée
Qui ne la quittoit pas de toute la journée.

FLORIMOND.

Je veux qu'on boude aussi par fois.

CRISPIN.

Sans contredit.

FLORIMOND.

Trop de gaîté, vois-tu, me lasse et m'étourdit :
Qui rit à tout propos, ne peut que me déplaire.

CRISPIN.

Sans doute, Léonor n'étoit point votre affaire.
Un enfant de seize ans, riche, ayant mille attraits,
Qui n'a pas un défaut, qui ne boude jamais !
Bon ! vous en seriez las au bout d'une semaine.
Mais que dira de vous monsieur le capitaine ?

FLORIMOND.

Qu'il en dise, parbleu, tout ce qu'il lui plaira :
Mais pour gendre jamais Kerbanton ne m'aura.
Qui ? moi ? bon dieu ! j'aurois le courage de vivre
Auprès d'un vieux marin, qui chaque jour s'enivre,
Qui fume à chaque instant, et tous les soirs d'hiver,
Voudroit m'entretenir de ses combats de mer ?...
Laissons là pour jamais et le père et la fille.

CRISPIN.

Parlons donc de Justine. Est-elle assez gentille ?
Des défauts, elle en a ; mais elle a mille appas :
Elle est gaie et folâtre, et je ne m'en plains pas :
Voilà ce qu'il me faut, à moi qui ne ris guère.
Enfin, elle n'a point de vieux marin pour père.
Pauvre Justine ! hélas ! je lui donnai ma foi :
Que va-t-elle à présent dire et penser de moi ?

FLORIMOND.

Elle est déja peut-être amoureuse d'un autre.

CRISPIN.

Nos deux cœurs sont, monsieur, bien différents du vôtre.
D'avoir perdu Crispin, jamais cette enfant-là,
C'est moi qui vous le dis, ne se consolera.

FLORIMOND.

Va, va, dans sa douleur le sexe est raisonnable,
Et je n'ai jamais vu de femme inconsolable.
Laissons cela.

CRISPIN.

Fort bien ; mais au moins, dites-moi
Pourquoi vous descendez dans un hôtel.

FLORIMOND.

Pourquoi ?

CRISPIN.

Oui, monsieur. Vous avez un oncle qui vous aime,
Dieu sait !

FLORIMOND.

De mon côté, je le chéris de même ;
Mais je ne logerai pourtant jamais chez lui.
Je crus bien, l'an passé, que j'en mourrois d'ennui.
C'est un ordre, une règle en toute sa conduite !
Une assemblée hier, demain une visite.
Ce qu'il fait aujourd'hui, toujours il le fera :
Il ne manque jamais un seul jour d'opéra.
La routine est pour moi si triste, si maussade !
Et puis sa politique, et sa double ambassade !
Car tu sais que mon oncle étoit ambassadeur.
J'essuyois des récits... mais d'une pesanteur !
Tu vois que tout cela n'est pas fort agréable.
D'ailleurs je me suis fait un plaisir délectable
De venir habiter dans un hôtel garni.
Tout cérémonial de ces lieux est banni :
Je vais, je viens, je rentre et sors, quand bon me semble,
Entière liberté. Le soir, on se rassemble :

L'hôtel forme lui seul une société ;
Et si je n'ai le choix, j'ai la variété.

CRISPIN.

On vient, de cet hôtel c'est sans doute le maître.

# SCÈNE II.

## FLORIMOND, CRISPIN, M. PADRIGE.

M. PADRIGE, *avec force révérences.*

MA visite, monsieur, vous dérange peut-être ;
Mais je n'ai pu moi-même ici vous recevoir :
J'étois absent alors : j'ai cru de mon devoir
De venir humblement vous rendre mon hommage.

FLORIMOND.

Fort bien.

M. PADRIGE.

Je sais à quoi notre état nous engage.

CRISPIN, *lui rendant ses révérences.*

Monsieur !

M. PADRIGE, *à Florimond.*

De mon hôtel êtes-vous satisfait ?

FLORIMOND.

Très fort.

M. PADRIGE.

Vous le trouvez honnête ?

FLORIMOND.

Tout-à-fait.

M. PADRIGE.

Et votre appartement commode ?

FLORIMOND.

Oui, mon cher hôte,

Très commode.

CRISPIN.

Pourtant, ma chambre est un peu haute.

FLORIMOND.

Je me trouve fort bien.

M. PADRIGE.

Je vous suis obligé.

Il le faut avoüer, je n'ai rien négligé
Pour réunir ici l'utile et l'agréable ;
Et vous voyez...

CRISPIN.

Au fait : avez-vous bonne table ?

M. PADRIGE, à *Florimond.*

Sans vanité, monsieur, je puis dire, entre nous,
Que je n'ai guère ici que des gens tels que vous.

CRISPIN, *s'inclinant.*

Ah !...

M. PADRIGE.

Des Bretons, surtout. C'est Brest qui m'a vu naître,
Et, dieu merci, Padrige a l'honneur d'y connoître
Assez de monde : aussi l'on s'y fait une loi,
Quand on vient à Paris, de descendre chez moi ;
Et c'est du nom de Brest que mon hôtel se nomme.

CRISPIN.

Ce bon monsieur Padrige a l'air d'un galant homme.

M. PADRIGE.

Monsieur... vient donc de Brest ?

FLORIMOND.

Oui.

M. PADRIGE.

J'ai, dans ce moment,

Une dame qui vient de Brest aussi.

FLORIMOND.

Comment?...

M. PADRIGE.

Une Angloise.

FLORIMOND.

Une Angloise?

M. PADRIGE.

Oui, monsieur, très jolie,

Pour tout dire, en un mot, une dame accomplie,

Femme de qualité, qui voyage par goût,

Veuve depuis trois ans; Lisette m'a dit tout.

CRISPIN.

Lisette! Cette Angloise a donc une suivante?

M. PADRIGE.

Eh! oui; je l'ai donnée à madame...

CRISPIN.

Et charmante,

Sans doute?

M. PADRIGE.

On ne peut plus.

CRISPIN.

Je vois ce qui m'attend :

Cette Lisette-là va me rendre inconstant.

FLORIMOND.

Eh! mais.... à tous ces traits je crois la reconnoître :

Car .. Depuis quinze jours elle est ici peut-être?

M. PADRIGE.

Oui, monsieur.

FLORIMOND.

M'y voilà : c'est elle assurément,

C'est Élianté même.

M. PADRIGE.

Eh ! monsieur, justement.

FLORIMOND.

Éliante en ces lieux ! Rencontre inespérée !
Conduisez-moi chez elle.

M. PADRIGE.

Elle n'est pas rentrée ;
Mais bientôt...

FLORIMOND.

Ah ! bon Dieu ! laissez-nous ; il suffit :
Je l'attends.

(M. Padrige sort.)

# SCÈNE III.

## FLORIMOND, CRISPIN.

FLORIMOND.

J'OSE à peine en croire son récit.
Rencontrer en ces lieux l'adorable Éliante !
Mais ne trouves-tu pas l'aventure charmante?

CRISPIN.

Pardon : de vos transports je suis un peu surpris.
Il est bien vrai qu'à Brest vous étiez fort épris
D'une dame Éliante ; et je sais que la dame
N'étoit pas insensible à votre tendre flamme :
Mais enfin, quinze jours au moins sont révolus,
Depuis que j'ai cru voir que vous ne l'aimiez plus.

FLORIMOND.

Il est trop vrai : l'amour, surtout dans sa naissance,
Ne tient guères, chez moi, contre une longue absence.
Une affaire l'appelle à Paris : elle part.
Je tiens bon... quatre jours, mais enfin le hasard

M'offre au marin ; bientôt il m'aime à la folie,
Me veut pour gendre : au fond, Léonor est jolie...
Que te dirai-je, moi ? Je la vis, je lui plus :
Eliante étoit loin, et je n'y songeai plus...
Je la retrouve enfin, grâce au sort qui me guide.

CRISPIN.

Votre cœur n'aime pas à rester long-temps vide.

FLORIMOND.

Ni moi long-temps en place. Elle est sortie ; alors,
Je ne l'attendrai point.

CRISPIN.

Je le crois bien.

FLORIMOND.

Je sors.

Je vais courir un peu : demeure, toi

(Il sort.)

CRISPIN, seul.

Quel maître !
Le vif-argent n'est pas... Mais que vois-je paroître ?
Seroit-ce...

# SCÈNE IV.

### CRISPIN, LISETTE.

CRISPIN, à part.
Elle a vraiment un fort joli minois.
La peste !

LISETTE, de loin, à part aussi.
Ce garçon m'observe en tapinois.
Au fait, il n'est pas mal.

CRISPIN, haut.
De l'aimable Éliante
Ai-je l'honneur de voir l'adorable suivante ?

LISETTE.

Elle-même, monsieur.

CRISPIN, *à part.*

Justine n'est pas mieux.

LISETTE.

Monsieur... cet officier qui descend en ces lieux,
Seroit-il votre maître?

CRISPIN.

Oui, beauté sans pareille! /
Mais le mot de *monsieur* a blessé mon oreille.
Appelez-moi Crispin, car je suis sans façon.
On vous nomme Lisette?

LISETTE.

Oui.

CRISPIN.

Dieu! le joli nom!

*(A part.)*

Justine n'avoit pas cette friponne mine.

LISETTE.

Vous marmottez souvent certain nom de Justine.

CRISPIN, *embarrassé.*

Oh! rien... C'est un enfant que je connus jadis...
La maîtresse de l'un de mes meilleurs amis...
Et qui vous ressembloit; Justine étoit jolie...
Aussi ce drôle-là l'aimoit à la folie.
Mais, de grâce, laissons Justine de côté,
Parlons de vous.

LISETTE.

Eh bien?

CRISPIN.

Lisette, en vérité,

J'ai couru le pays, j'ai vu bien des soubrettes,
Gentilles à ravir, et surtout les Lisettes;
Mais je n'ai point encor rencontré de minois
Qui me plussent autant que celui que je vois.

LISETTE.

Fort bien!

CRISPIN.

Vraiment, j'admire une telle rencontre;
Que le premier objet... que le hasard me montre...
Soit un objet... ma foi, je rends grâce au hasard.
(*A part.*)
Justine, en vérité, je suis un grand pendard.

LISETTE.

Monsieur plaisante?

CRISPIN.

Point. C'est la vérité même :
Moi, j'y vais rondement, en trois mots, je vous aime.
Vous riez, c'est bon signe : oh! j'ai jugé d'abord
Que Lisette et Crispin seroient bientôt d'accord.

LISETTE.

Mais je ne conçois pas cette flamme subite :
Je n'aurois jamais cru qu'on pût aimer si vite.

CRISPIN.

Moi, j'en suis peu surpris; car enfin, sans orgueil,
Aux filles j'ai toujours plu du premier coup-d'œil.

LISETTE.

Peste!

CRISPIN.

J'entends mon maître.

# SCÈNE V.

## CRISPIN, LISETTE, FLORIMOND.

FLORIMOND.

Ah ! madame Éliante

Est-elle de retour ?

CRISPIN.

Non : voici sa suivante

Qui me disoit...

LISETTE.

Madame avant peu va rentrer,

Je le suppose.

FLORIMOND.

O dieu ! Mais quand puis-je espérer ?...

LISETTE.

Avant une heure, au plus.

FLORIMOND.

Eh ! n'est-ce rien qu'une heure ? –
Une heure sans la voir ! il faudra que j'en meure.
En vérité, je suis d'un malheur achevé.
J'ai passé chez mon oncle et ne l'ai point trouvé.
J'ai vite écrit deux mots et laissé mon adresse ;
Puis, je suis accouru pour revoir ta maîtresse :
Eh bien ! il faut une heure attendre son retour,

LISETTE.

En attendant, monsieur, songez à votre amour.

*(Elle le salue, sourit à Crispin, et sort.)*

# SCÈNE VI.
### FLORIMOND, CRISPIN.

FLORIMOND.

Peste des importuns! Ce chevalier d'Arlière
Me force à l'écouter, la tête à la portière.
A quatre pas de là, c'est un autre embarras;
Et deux cochers mutins, avec leurs longs débats,
M'arrêtent un quart-d'heure au détour d'une rue.
Oh quel fracas! bon dieu! quelle affreuse cohue!
Comment peut-on se plaire en ce maudit Paris?
C'est un enfer.

CRISPIN.

Tantôt c'étoit un paradis.
« L'œil ravi, promené de spectacle en spectacle,
« De l'art, à chaque pas, voit un nouveau miracle : »
C'étoient vos termes.

FLORIMOND.

Oui, d'abord cela séduit,
J'en conviens : mais au fond, de la foule et du bruit,
Voilà Paris. Ses jeux et ses vaines délices
N'offrent qu'illusions et que beautés factices :
Ses plaisirs sont amers, son éclat emprunté;
Et, sous l'extérieur de la variété,
Il cache tout l'ennui d'une vie uniforme.

CRISPIN.

Uniforme, monsieur? Ah! quel blasphème énorme!
Un jour est-il ici semblable à l'autre jour?
Ce sont nouveaux plaisirs qui règnent tour à tour.

FLORIMOND.

Je le veux : mais au fond, ils composent à peine
Une semaine au plus; eh bien! chaque semaine

De celles qui suivront est le parfait tableau :
De semaine en semaine, il n'est rien de nouveau.
Alternativement bal, concert, tragédie,
Wauxhall, Italiens, opéra, comédie...
Ce cercle de plaisirs peut bien plaire d'abord ;
Mais la seconde fois, il ennuie à la mort.

CRISPIN.

C'est dommage. J'entends, de journée en journée,
Vous voudriez du neuf pendant toute une année.
Eh ! que la vie, ici, soit uniforme ou non,
Qu'importe ? il ne faut pas disputer sur le nom.
Si l'uniformité de plaisirs est semée,
Cette uniformité mérite d'être aimée.
On dort, on boit, on mange ; on mange, on boit, on dort :
De ce régime, moi, je m'accommode fort.

FLORIMOND.

Tais-toi : qu'attends-tu là ?

CRISPIN.

Vos ordres.

FLORIMOND.

Je t'ordonne
De n'être pas toujours auprès de ma personne.

CRISPIN.

C'est différent.

(Il sort.)

# SCÈNE VII.

### FLORIMOND, seul.

Toujours un valet près de soi,
Qui semble dire : « allons, monsieur, commandez-moi. »
Du matin jusqu'au soir.... quelle pénible tâche !
Il faut, quoi qu'on en ait, commander sans relâche.

Quand j'y songe, morbleu! je ne puis sans courroux
Voir que ces coquins-là soient plus heureux que nous.
(*Il s'assied et rêve.*)
Ce Crispin me déplaît. Monsieur fait le capable :
Vos ordres!... Il commence à m'être insupportable.
Depuis un mois pourtant, ce visage est chez moi :
Je n'en gardai jamais aussi long-temps....; ma foi,
Il est bien temps qu'enfin de lui je me défasse.
(*Il se lève et appelle.*)
Crispin?... O le sot nom!

## SCÈNE VIII.

### FLORIMOND, CRISPIN.

CRISPIN.
Monsieur?

FLORIMOND, *à part.*
La sotte face !

(*Haut.*)
De tes gages, Crispin, dis-moi ce qu'il t'est dû.

CRISPIN.
Ah! monsieur...

FLORIMOND.
Parle donc.

CRISPIN.
Monsieur!...

FLORIMOND.
Parleras-tu?

CRISPIN.
( *A part.* )          (*Haut.*)
Ne faisons pas l'enfant. Ce n'est qu'une pistole.

FLORIMOND, *le payant.*

Tiens. — Veux-tu bien sortir?

CRISPIN.

Dites un mot, je vole.

FLORIMOND.

Eh bien !

CRISPIN.

Encore un coup, vous n'avez qu'à parler.

FLORIMOND.

J'ai parlé ; sors.

CRISPIN.

Fort bien ; mais où faut-il aller ?

FLORIMOND.

Où tu voudras.

CRISPIN.

Eh mais !... expliquez-vous, de grâce...

FLORIMOND, *impatienté.*

Quoi? tu ne comprends pas, maraud, que je te chasse?

CRISPIN.

Plaît-il ! Vous me chassez? Qui, moi, monsieur?

FLORIMOND.

Oui, toi.

CRISPIN.

Moi?

FLORIMOND.

Toi-même.

CRISPIN.

Allons donc ! vous vous moquez de moi.

FLORIMOND.

Point du tout.

CRISPIN.

La raison? Elle est un peu subite.

FLORIMOND.

La raison, c'est qu'il faut t'en aller au plus vite ;
Je le veux.

CRISPIN.

Mais enfin, pourquoi le voulez-vous ?

FLORIMOND.

Parce que... je le veux.

CRISPIN.

Mon cher maître, entre nous,
Ce n'est pas raisonner, que parler de la sorte.
Je le comprends fort bien ; vous voulez que je sorte :
Mais je ne comprends pas pourquoi vous le voulez.
Si j'ai failli, du moins, dites-le moi, parlez.

FLORIMOND.

Avec ses questions, ce bavard-là m'excède :
Tu... tu m'as...

CRISPIN.

Voulez-vous, monsieur, que je vous aide ?

FLORIMOND.

Puisque monsieur Crispin demande des raisons...

CRISPIN.

Oui, monsieur, une seule.

FLORIMOND.

Eh bien ! nous le chassons,
Afin de ne plus voir sa maussade figure.

CRISPIN.

Maussade ? le reproche est nouveau, je vous jure.
Ma figure jamais n'effaroucha les gens,
Même elle m'a valu des propos obligeants.

FLORIMOND.

Elle ne me déplaît que pour l'avoir trop vue.

CRISPIN.

Depuis un mois à peine elle vous est connue.

FLORIMOND.

C'est beaucoup trop : je veux un visage nouveau.

CRISPIN.

Mais qu'il soit vieux ou neuf, qu'il soit maussade ou beau;
Qu'importe, enfin, pourvu qu'un valet soit fidèle,
Et qu'il serve son maître avec esprit et zèle?
Sans me vanter, monsieur, je vous sers à ravir.

FLORIMOND.

Je n'aime point non plus ta façon de servir.

CRISPIN.

Qu'a-t-elle, s'il vous plaît?...

FLORIMOND.

Elle est trop uniforme :
J'aime qu'à mon humeur un valet se conforme.
Toi, tu me sers toujours avec le même soin ;
Toujours auprès de moi je te trouve au besoin ;
Jamais...
(*Pendant ce discours, Crispin a pris une plume et du
papier, et à l'air d'écrire sur son genou.*)
Que fais-tu là?

CRISPIN.

J'écris ce que vous dites.
Vous me traitez, monsieur, par delà mes mérites;
Et je n'ai pas besoin d'autre certificat ;
Signez.
(*Il lui présente la plume et le papier.*)

FLORIMOND.

Oh! c'en est trop. Sais-tu bien, maître fat,
Qu'à la fin...

CRISPIN.

Serviteur.

(*A part ; en s'en allant.*)
Trouvons un stratagème
Pour le servir encore en dépit de lui-même.

## SCÈNE IX.

FLORIMOND. *seul.*

On a bien de la peine à chasser un valet.
Ce maraud de Crispin, au fond, n'est point si laid.
Mais j'étois las de voir son grotesque uniforme,
Ses bottines, sa cape et sa ceinture énorme.
Elle ne revient point : allons, je vais courir,
Voir mes amis. Valmont le premier vient s'offrir ;
Oui...

## SCÈNE X.

FLORIMOND, M. DOLBAN.

M. DOLBAN.

Te voilà !

FLORIMOND.

Mon oncle !... Ah ! permettez, de grâce..
Cher oncle ! après un mois, c'est donc vous que j'embrasse!

M. DOLBAN.

Je devois, avant tout, te quereller bien fort,
Et n'ai pu m'empêcher de t'embrasser d'abord ;
Mais je ne laisse pas d'être fort en colère.

FLORIMOND.

En quoi donc, par hasard, ai-je pu vous déplaire?

M. DOLBAN.

En quoi ? belle demande ! Avoir un oncle ici,
Et descendre plutôt dans un hôtel garni !
A cette indifférence aurois-je dû m'attendre ?

FLORIMOND.

Je vous suis obligé d'un reproche si tendre :
Mais cela ne doit pas du tout vous chagriner.
Mon cher oncle, entre nous, j'ai craint de vous gêner;
Et puis, je ne suis pas loin de votre demeure,
Et je pourrai vous voir chaque jour à toute heure.

M. DOLBAN.

Tu sais toujours donner aux choses un bon tour,
Car, dans ta lettre aussi, tu mets sous un beau jour
Ton histoire de Brest et ton double caprice.
Jamais, au bout d'un mois, quitta-t-on le service?

FLORIMOND.

Le service, en un mot, n'est point du tout mon fait.

M. DOLBAN.

Va, tu n'es fait pour rien, je te le dis tout net.

FLORIMOND.

En quoi voyez-vous donc ?...

M. DOLBAN.

En toute ta conduite,
En tes écarts passés, en ta dernière fuite;
Et pour trancher ici d'inutiles discours,
Tu n'es qu'un inconstant, tu le seras toujours.

FLORIMOND.

Inconstant ! Oh ! voilà votre mot ordinaire !
Eh ! c'est pour ne pas être inconstant, au contraire,
Qu'on me voit sur mes pas revenir tout exprès :
J'aime bien mieux changer auparavant qu'après.

M. DOLBAN.

Cette précaution est tout-à-fait nouvelle !
En as-tu moins, sans cesse, erré de belle en belle ?
Depuis la robe, enfin, que bientôt tu quittas,
T'en a-t-on moins vu prendre et rejeter d'états ?
Tour à tour la finance, et l'église et l'épée...
Que sais-je ? La moitié m'en est même échappée :
Vingt états de la sorte ont été parcourus ;
Si bien qu'un an encore, et je ne t'en vois plus.

FLORIMOND.

C'est que je fus trompé, c'est qu'il faut souvent l'être,
C'est qu'il est maint état qu'on ne peut bien connoître,
A moins que par soi-même on ne l'ait exercé :
Ce n'est qu'après l'essai qu'on est désabusé.
J'aurai pu me trouver dans cette circonstance,
Sans être pour cela coupable d'inconstance.
Je goûte d'un état : j'y suis mal, et j'en sors ;
Rien de plus naturel. Quoi ! faudroit-il alors
Végéter sans désirs, sans nulle inquiétude ;
Et, stupide jouet de la sotte habitude,
Garder, par indolence, un état ennuyeux,
N'être heureux qu'à demi, quand on peut être mieux ?

M. DOLBAN.

Tu crois donc rencontrer un bonheur sans mélange ?
Hélas ! le plus souvent, que gagne-t-on au change ?
La triste expérience avant peu nous apprend
Que ce nouvel état n'est qu'un mal différent...
Que dis-je ? Au lieu du bien après quoi l'on soupire,
Souvent d'un moindre mal on tombe dans un pire...
Aussi, sans espérer d'en trouver de meilleurs,
Tu quittes un état, pourquoi ? pour être ailleurs.

FLORIMOND.

Vous mettez à ceci beaucoup trop d'importance.
M'allez-vous quereller pour un peu d'inconstance?
A tout le genre humain dites-en donc autant.
A le bien prendre, enfin, tout homme est inconstant;
Un peu plus, un peu moins, et j'en sais bien la cause :
C'est que l'esprit humain tient à si peu de chose !
Un rien le fait tourner d'un et d'autre côté :
On veut fixer en vain cette mobilité :
Vains efforts; il échappe; il faut qu'il se promène :
Ce défaut est celui de la nature humaine.
La constance n'est point la vertu d'un mortel;
Et pour être constant, il faut être éternel.
D'ailleurs, quand on y songe, il seroit bien étrange
Qu'il fût seul immobile; autour de lui, tout change :
La terre se dépouille, et bientôt reverdit;
La lune, tous les mois, décroît et s'arrondit.
Que dis-je? en moins d'un jour, tour à tour on essuie
Et le froid et le chaud, et le vent et la pluie.
Tout passe, tout finit, tout s'efface; en un mot,
Tout change : changeons donc, puisque c'est notre lot.

M. DOLBAN.

De la frivolité digne panégyriste !

FLORIMOND.

N'êtes-vous point vous-même un censeur un peu triste?

M. DOLBAN.

D'un oncle, d'un ami je remplis le devoir.
Tu te perds, Florimond, sans t'en apercevoir.
Espères-tu, dis-moi, t'avancer dans le monde,
Toi qu'on a toujours vu d'une humeur vagabonde,
Effleurer chaque état, qui changes pour changer,
Qui n'es dans chacun d'eux qu'un simple passager?

Digne emploi des talents qu'en toi le ciel fit naître !
Avec tant de moyens de te faire connoître,
Tu seras donc connu par ta légèreté !
Ah ! si tu ne fais rien pour la société,
A l'estime publique il ne faut plus prétendre.
Tremble, et vois à quel sort tu dois enfin t'attendre.
A force de courir, toujours plus loin du but,
Et bientôt de l'état méprisable rebut,
Désœuvré, las de tout, comme à tout inhabile,
De tes concitoyens spectateur inutile,
Tu sentiras l'ennui miner tes tristes jours,
Si l'affreux désespoir n'en abrège le cours.

FLORIMOND.

Courage, livrez-vous à vos sombres présages ;
Étalez à plaisir les plus noires images ;
Pourquoi ? parce qu'on est un tant soit peu léger.
                *(Après un moment de silence.)*
Quoi qu'il en soit, je crois que je m'en vais changer.

M. DOLBAN.

Bon !

FLORIMOND.

Sérieusement, je ne suis plus le même.

M. DOLBAN.

Depuis combien de temps déja ?

FLORIMOND.

                        Depuis que j'aime.

M. DOLBAN, *en souriant.*

Ah ! fort bien.

FLORIMOND.

        N'allez pas prendre ici mes discours
Pour le frivole aveu de volages amours.

                        3.

Il est passé, le temps des folles amourettes:
Un feu réel succède à ces vaines bluettes.
J'aime, vous dis-je, enfin pour la première fois.

M. DOLBAN.

Du ton dont tu le dis, en effet, je le crois.
Quelle est donc la personne?

FLORIMOND.

Elle a nom Éliante.

C'est une veuve angloise, une femme charmante :
Je ne vous parle pas de sa rare beauté,
Encor moins de ses biens et de sa qualité,
Quoiqu'elle soit pourtant et noble, et riche, et belle.
Mais, je vous l'avouerai, ce que j'admire en elle,
Ce sont des qualités d'un bien plus digne prix.
Pour les frivolités c'est ce noble mépris,
C'est ce rare talent, le grand art de se taire,
Sa fierté même; enfin c'est tout son caractère.

M. DOLBAN.

Comment peux-tu si bien la connoître en un jour?

FLORIMOND.

Mais elle a fait à Brest un assez long séjour.
Quelque temps, il est vrai, je la perdis de vue;
Mais j'en fais en ce lieu la rencontre imprévue;
Et mon cœur, dégagé de cette Léonor,
La trouve ici plus belle et plus aimable encor.

M. DOLBAN.

Elle est riche?

FLORIMOND.

Très riche.

M. DOLBAN.

Et de haute naissance?

FLORIMOND.

Oh! très haute.

M. DOLBAN.

En effet, une telle alliance
Me semble.... Écoute : il faut ne rien faire à demi.
L'ambassadeur de Londre est mon meilleur ami ;
Je vais le consulter : et si le témoignage
Qu'il rendra d'Éliante est à son avantage,
Je reviens à l'instant, et demande sa main.

FLORIMOND.

Oui, mon oncle, et plutôt aujourd'hui que demain.

M. DOLBAN.

Tu vas m'attendre?

FLORIMOND.

Non : je vais rendre visite
A mon ami Valmont; mais je reviens bien vite.

M. DOLBAN, *d'un ton sentencieux.*

Je l'avois toujours dit : son cœur se fixera.
Attendons ; tôt ou tard son heure arrivera.
Et s'il trouve une femme...

FLORIMOND, *très vivement, et en reconduisant son
oncle.*

Allons, elle est trouvée,
Mon cher oncle, et mon heure est enfin arrivée.

(*M. Dolban sort.*)

# SCÈNE XI.

## FLORIMOND, *seul.*

En rencontre, aujourd'hui, je suis vraiment heureux.
Pas encor de retour !... Mais quel désert affreux !-

Cet hôtel est peuplé de gens peu sédentaires,
Qui, du matin au soir, courent à leurs affaires.
Dans une garnison, sans sortir de chez moi,
J'avois à qui parler... Qu'est-ce que j'aperçoi?
Des livres!... Je n'ai plus besoin de compagnie :
Quand j'ai des livres, moi, jamais je ne m'ennuie.
Est-il rien, en effet, de si délicieux?
Cela tient lieu d'amis, souvent cela vaut mieux.
Que je vais m'amuser!...

         *(Il prend un livre, et regarde sur le dos.)*

                Ah! ah! c'est *La Bruyère.*
J'en fais beaucoup de cas : lisons un caractère.

        *(Il lit à l'ouverture du livre.)*

« Un homme inégal n'est pas un seul homme; ce sont
« plusieurs. Il se multiplie autant de fois qu'il a de nou-
« veaux goûts et de manières différentes. Il est à chaque
« moment ce qu'il n'étoit point; et il va être bientôt ce
« qu'il n'a jamais été. Il se succède à lui-même [1]. »
Où donc a-t-il trouvé ce caractère-là?
Jeux d'esprit; tout le livre est fait comme cela.
On le vante pourtant. Voyons quelque autre chose :
Aussi-bien je suis las de lire de la prose.
Les vers, tout à la fois, charment l'œil et l'esprit;
Par sa diversité la rime réjouit.
Voyons s'il est ici quelque poëte à lire.

        *(Il prend un autre livre.)*

*Boileau!*... Bon! celui-là. J'aime fort la satire.

        *(Il lit de même à l'ouverture du livre.)*

« Voilà l'homme en effet. Il va du blanc au noir;
« Il condamne au matin ses sentiments du soir :

---

[1] Chapitre IX. *De l'Homme.*

« Importun à tout autre, à soi-même incommode,
« Il change, à tout moment, d'esprit comme de mode :
« Il tourne au premier vent, il tombe au moindre choc,
« Aujourd'hui dans un casque, et demain dans un froc [1]. »

(Il jette le livre sur la table.)

L'insolent ! C'est assez ; et puis, dans un auteur,
La satire, à coup sûr, décèle un mauvais cœur :
J'eus toujours du dégoût pour ce genre d'escrime.
La peste soit des vers, de cette double rime,
Exacte au rendez-vous, qui de son double son,
M'apporte, à point nommé, le mortel unisson !
Mais d'un autre côté, la prose est insipide...,
Il faut qu'entre les deux pourtant je me décide :
Car enfin, feuilletez tous les livres divers,
Vous trouverez partout de la prose ou des vers.

(Il s'assied, tout accablé.)

Tout à la fois conspire à m'échauffer la bile...
Mais quelle solitude !... Aussi, dans cette ville
Je n'avois qu'un valet pour me désennuyer,
Et je m'avise encor de le congédier !...
Mais j'entends... oui...

# SCÈNE XII.

## FLORIMOND, ÉLIANTE.

FLORIMOND, *courant vers Éliante.*

C'est vous, ô ma chère Éliante !

Pardonnez aux transports d'une âme impatiente,
Madame.

---

[1] Satire VIII.

ÉLIANTE.

Est-il bien vrai? Florimond en ces lieux !
A peine, en ce moment, j'ose en croire mes yeux,
Quoique l'hôte, en montant, m'ait d'abord prévenue.
De grâce, dites-moi quelle affaire imprévue...

FLORIMOND.

Aucune : ou si l'amour doit ainsi se nommer,
Je n'en ai qu'une seule, et c'est de vous aimer.

ÉLIANTE.

Mais, ma demeure, enfin, qui vous a pu l'apprendre?

FLORIMOND.

Eh ! madame, mon cœur pouvoit-il s'y méprendre ?
Le sort en cet hôtel ne m'eût pas amené,
Qu'avant la fin du jour je l'aurois deviné.

ÉLIANTE.

Avec mes questions, je vais être indiscrète :
Mais, encore une seule, et je suis satisfaite.
Comment avez-vous pu quitter la garnison?

FLORIMOND.

En quittant le service.

ÉLIANTE.

Ah !... pour quelle raison?

FLORIMOND.

Eh mais !... c'est que d'abord le service m'ennuie ;
Et puis, je ne veux plus de chaîne qui me lie...
Hors la vôtre : comblez mes souhaits les plus doux :
Je suis tout à l'amour, madame, et tout à vous.
Oui, sous vos seules lois je fais gloire de vivre :
Vous voyagez; partout je suis prêt à vous suivre :
Vous retournez à Londre, et j'en suis citoyen.
Votre pays, madame, est désormais le mien.

ÉLIANTE.

Je ressens tout le prix d'un pareil sacrifice....
Pardon; j'ai cru vous voir très content du service.

FLORIMOND.

Ah! vous étiez à Brest alors, et je m'y plus:
Mais l'ennui règne aux lieux que vous n'habitez plus.

ÉLIANTE.

Et moi, de cet ennui m'avez-vous crue exempte?
Aurois-je été de Brest aussi long-temps absente,
Si l'affaire qui seule ici me fit venir,
Quinze jours, malgré moi, n'eût su m'y retenir.
Ils m'ont paru bien longs! et distraite, isolée,
Au milieu de Paris j'étois comme exilée.

FLORIMOND.

Qu'entends-je! vous m'auriez quelquefois regretté?
Je ne méritois pas cet excès de bonté.

ÉLIANTE.

Mais vous faisiez de même: au moins j'aime à le croire.
Je me disois « Je suis présente à sa mémoire!
« Sans doute il songe à moi comme je songe à lui. »
Cette douce pensée allégeoit mon ennui.

FLORIMOND, à part.

Chaque mot qu'elle dit ne sert qu'à me confondre.
    (Haut, et avec beaucoup d'embarras.)
Ah! quel monstre, en effet, pourroit ne pas répondre...
A ces doux sentiments?... Oui, madame... en ce jour...
Je jure qu'à jamais le plus tendre retour...

ÉLIANTE.

Eh! que me font, monsieur, tous les serments du monde?
Sur de meilleurs garants ma tendresse se fonde:
J'en crois votre âme franche, exempte de détours,
Qui toujours se peignit en vos moindres discours...

FLORIMOND, *toujours avec embarras.*

C'en est trop... Vous jugez de mon cœur par le vôtre...
Moi, je ne prétends pas être plus franc qu'un autre...
Mais jamais de tromper je ne me fis un jeu,
Madame ; et quand ma bouche exprime un tendre aveu,
C'est que j'aime en effet, et de toute mon âme.

ÉLIANTE.

Ah ! je vous crois sans peine.

# SCÈNE XIII.

## FLORIMOND, ÉLIANTE, PADRIGE.

PADRIGE, *une serviette à la main.*

On a servi, madame.

ÉLIANTE, *à Florimond.*

Vous dînez avec moi ?

FLORIMOND.

Vous me faites honneur.
Oui, de vous rencontrer puisque j'ai le bonheur,
Je tiens quitte Paris des beautés qu'il rassemble,
Et vous me tenez lieu de tout Paris ensemble.

(*Il donne la main à Éliante, et sort avec elle.*)

FIN DU PREMIER ACTE.

# ACTE SECOND.

## SCÈNE I.

**LISETTE, *seule.***

Comme, depuis tantôt, son front s'est éclairci?
Et comme de sa voix le son s'est adouci!
J'avois cru jusqu'ici son chagrin incurable :
Mais monsieur Florimond est un homme admirable.
Hai... Son valet Crispin me revient fort aussi.
S'il pouvoit deviner que je suis seule ici?
On vient... Ce n'est pas lui.

*(Elle veut sortir.)*

## SCÈNE II.

**LISETTE, PADRIGE.**

PADRIGE, *la retenant.*
                    Ma belle demoiselle,
Écoutez donc un peu : savez-vous la nouvelle?
Crispin est renvoyé.

                LISETTE.
    Bon !

            PADRIGE.
            Oui, vraiment.

        LISETTE.
                    Eh bie..!

Voyez si dans la vie on peut compter sur rien !
Le trait est-il piquant?

PADRIGE.

Rassurez-vous, de grâce ;
Crispin saura trouver sans peine une autre place.

LISETTE.

Mais moi, je le trouvois fort bien dans celle-ci.
Et savez-vous pourquoi monsieur le chasse ainsi ?

PADRIGE.

Ma foi, non.

LISETTE.

Ce sera pour quelque bagatelle ;
Car je répondrois bien que Crispin est fidèle.
Les maîtres, sans mentir, sont étrangement faits !
Ils sont pleins de défauts, et nous veulent parfaits.

PADRIGE.

Vous prenez bien à cœur...

LISETTE, *avec dépit.*

Non, c'est que de la sorte
Je n'aime pas qu'on mette un laquais à la porte.
Il cherchera long-temps un aussi bon valet.

PADRIGE.

Mais je le crois trouvé ! je connois un sujet
Qui vaudra le Crispin.

LISETTE.

Allons, je le désire.

PADRIGE.

J'aperçois Florimond.

LISETTE.

Et moi je me retire.
Car je suis en colère, et je m'emporterois.

*(Elle sort.)*

PADRIGE.
*(Seul)*

Adieu donc. Ce Crispin lui cause des regrets :
Mais bon ! son successeur consolera la belle.

# SCÈNE III.

## PADRIGE, FLORIMOND.

PADRIGE.
MONSIEUR, je viens vous faire une offre.

FLORIMOND.

Ah ! quelle est-elle ?

PADRIGE.
Vous êtes sans laquais, m'a-t-on dit.

FLORIMOND.

Il est vrai.
Je m'en aperçois bien ; et j'ai fait un essai...,
De m'habiller tout seul ; tant mieux ; car mon système
Est qu'on seroit heureux de se servir soi-même.
Cependant, vous venez...?

PADRIGE.

Dussé-je être importun,
Si monsieur désiroit un laquais, j'en sais un...

FLORIMOND.
Importun ? Au contraire, et votre offre m'oblige.
Donnez ; de votre main, mon cher monsieur Padrige,
Je le reçois d'avance.

PADRIGE,
Ah !... j'ai bien votre fait.

FLORIMOND.
Bon.

PADRIGE.

Un garçon docile, intelligent, discret,
Honnête homme, surtout.

FLORIMOND.

Eh! voilà mon affaire.

PADRIGE.

Je le crois. Si pourtant il n'eût pas su vous plaire,
J'en avois un autre.

FLORIMOND.

Ah!... Cet autre, quel est-il?

PADRIGE.

C'est un laquais charmant, du plus joli babil.

FLORIMOND.

Fort bien.

PADRIGE.

De la toilette il connoît les finesses;
Il n'a servi qu'abbés, que petites maîtresses:
Il est élégant, souple, et prompt comme l'éclair.

FLORIMOND.

J'aime mieux celui-ci.

PADRIGE, *à part.*

Courage.

FLORIMOND.

Allez, mon cher.

PADRIGE.

J'aurois pu vous parler d'un autre domestique;
Mais j'ai craint que monsieur n'aimât point la musique.

FLORIMOND.

Si fait. Cet autre donc est un musicien?

PADRIGE.

Oui, fort habile: il est un peu fou...

FLORIMOND.

Ce n'est rien.

PADRIGE.

Sans doute. Comme un maître, il pince la guitare,
Sait jouer de la flûte.

FLORIMOND.

Eh! c'est un homme rare.

PADRIGE.

Ce n'est pas tout; il a le plus joli gosier;
Sa voix aux instruments saura se marier.

FLORIMOND.

Bravo! voilà mon homme : allons vite, qu'il vienne.

PADRIGE.

Mais êtes-vous bien sûr, monsieur, qu'il vous convienne?
Car le dernier toujours est celui qui vous plaît.

FLORIMOND.

Oh! non, je m'y tiendrai.

PADRIGE, *à part, voyant venir Crispin.*

Diable! un autre paroît.

# SCÈNE IV.

FLORIMOND, PADRIGE, CRISPIN, *en habit de baigneur.*

CRISPIN, *à part, de loin.*

Ferme, Crispin : monsieur te reprendra peut-être.

FLORIMOND.

Qu'est-ce?

CRISPIN, *avec l'accent gascon.*

C'est moi, monseu.

FLORIMOND.

Que cherchez-vous?

4

CRISPIN.

Un maître.

FLORIMOND.

(*A part.*)      (*Haut.*)

Ce garçon-là me plaît. Padrige, laissez-nous.

PADRIGE, *bas, à Crispin.*

Monsieur aime à changer.

CRISPIN, *bas aussi.*

Jé lé sais mieux qué vous.

PADRIGE, *à Florimond.*

Et ce laquais, faut-il...?

FLORIMOND.

Non, ce n'est pas la peine.

PADRIGE, *à part, en s'en allant.*

Tant mieux : il n'auroit pas achevé la semaine.

# SCÈNE V.

## FLORIMOND, CRISPIN.

FLORIMOND.

On te nomme?

CRISPIN, *toujours avec l'accent gascon.*

La Flur, pour vous servir.

FLORIMOND.

La Fleur!

J'aime ce nom;

CRISPIN.

Monseu mé fait beaucoup d'honneur.

FLORIMOND.

D'où sors-tu donc?

CRISPIN.

De chez un ancien militaire.

FLORIMOND.

Quel homme?

CRISPIN.

Eh mais, il est d'un fort bon caractère;
Parfois un peu bizarre, à ne vous point mentir;
Mais, tout coup vaille, encor je voudrois le servir.

FLORIMOND.

Pourquoi l'as-tu quitté?

CRISPIN.

C'est bien lui qui me quitte.

FLORIMOND.

Et pour quelle raison?

CRISPIN.

Il ne me l'a pas dite,
Monseu.

FLORIMOND.

Ton air, je crois, ne m'est pas inconnu.

CRISPIN.

Mais... Quéque part aussi... je crois vous avoir vu.

FLORIMOND.

Eh mais.

CRISPIN, *à part.*

Nous y voilà.

FLORIMOND.

N'est-ce pas toi?

CRISPIN.

Peut-être.

FLORIMOND.

Mais oui, c'est toi, Crispin.

CRISPIN, *reprenant sa voix naturelle.*

Non pas, mon ancien maître;

Ce n'est plus lui : Crispin n'étoit point votre fait;
Il n'étoit plus le mien, et je m'en suis défait.

FLORIMOND.

Es-tu fou?

CRISPIN.

Mais, monsieur, franchement, pour vous plaire,
J'ai d'un peu de folie orné mon caractère.
D'abord d'un autre nom j'ai trouvé le secret,
Et je me doutois bien que ce nom vous plairoit.
J'ai, dépouillant ma cape, et mes gants, et ma veste,
Pris d'un valet-de-chambre et l'habit et le geste ;
J'ai mis bas la bottine, et chaussé l'escarpin :
Vous voyez bien, monsieur, que ce n'est plus Crispin.

FLORIMOND.

Le stratagème est neuf, et ne peut me déplaire.

CRISPIN.

Oh ! vous me reprendrez : car je suis votre affaire.
J'ai senti que j'avois mérité mon congé ;
Mais je suis jeune encor : j'ai tout à coup changé
De manières, de ton, et presque de visage.

FLORIMOND.

Tant mieux.

CRISPIN.

Crispin, dit-on, s'avisoit d'être sage.
Le faquin ! Oh ! Lafleur est un franc libertin.
C'étoit un buveur d'eau que ce monsieur Crispin.
Le fat ! Lafleur boit sec. J'ai su que l'imbécile,
Valet officieux, souple, exact et docile,
Couroit au moindre signe, et servoit rondement.
Patience : Lafleur est un bon garnement
Qui vous fera par jour donner cent fois au diable.

Mais on m'a dit encore un trait plus pitoyable :
Il se donnoit les airs d'être honnête homme ; fi !

FLORIMOND.

Oh ! j'entends que Lafleur le soit.

CRISPIN.

Cela suffit.

Eh bien ?

FLORIMOND.

Je te reprends. Mais si tu veux qu'on t'aime,
Plus de Crispin.

CRISPIN.

Parbleu ! n'en parlez plus vous-même.
Parlons plutôt ici, parlons de vos amours.
Éliante, monsieur, vous plaît-elle toujours ?

FLORIMOND, *avec embarras.*

Pourquoi me rappeler le nom de cette dame ?
Il m'afflige, et de plus m'accuse au fond de l'âme...
Elle étoit estimable, et j'en tombe d'accord...
Oh ! je ne change pas, et je l'estime encor...
Et tu me fais songer que, dans ce moment même,
Mon oncle, qui toujours suppose que je l'aime,
Fait à ce sujet-là des démarches pour moi...
Mais enfin, à mon âge, est-on maître de soi ?
Que veux-tu ?... De mon cœur je suis la douce pente ;
J'aime, Lafleur, j'adore une fille charmante.

CRISPIN.

Bon !

FLORIMOND.

La sœur de Valmont, que je quitte à l'instant.

CRISPIN.

A tous vos traits, monsieur, jamais on ne s'attend.

FLORIMOND.

Je ne m'attendois pas à celui-ci, moi-même :
Nouveau César, je viens, je la vois, et je l'aime.

CRISPIN.

Et pourroit-on savoir....

FLORIMOND.

Le voici sans détour.
J'entretenois Valmont de mon nouvel amour.
Tandis qu'à ses transports mon âme s'abandonne,
On ouvre... J'aperçois une jeune personne...
Divine : son maintien, ses grâces, sa douceur,
Tout me ravit d'abord. Il l'appelle sa sœur :
Moi, j'ignorois qu'il eût une sœur aussi chère :
Elle étoit au couvent quand je connus son frère
Elle parla fort peu, mais ce peu me suffit ;
Et je répondrois bien qu'elle a beaucoup d'esprit.
Le seul son de sa voix annonce une belle âme :
Que te dirai-je enfin de ma naissante flamme ?
Elle sortit bientôt, et je l'aimois déja.

CRISPIN.

Quoi ! si vite ?

FLORIMOND.

Il est vrai qu'un coup-d'œil m'engagea ;
Mais, vois-tu ? cette chaîne est la mieux assortie :
C'est là ce qu'on appelle amour de sympathie.
Souvent l'on est d'avance uni sans le savoir,
Et l'on n'a, pour s'aimer, besoin que de se voir :
Voilà comment ici la chose est arrivée

CRISPIN.

Oui, cette sympathie est assez bien trouvée,

FLORIMOND.

Ce n'est pas tout encor. Ils ont quelques instants

Parlé tout bas : j'admire et me tais ; mais j'entends
Qu'ils projettent d'aller bientôt à la campagne :
« Ah ! (dis-je) permettez que je vous accompagne.
« Volontiers (dit Valmont) ; mais pendant quinze jours
« Pourras-tu te résoudre à quitter tes amours ? »
J'insiste, on y consent ; je suis de la partie.

CRISPIN.

Courage ! Allons, monsieur, vive la sympathie !

FLORIMOND.

Ah ! Lafleur, quel plaisir je me promets d'avoir !
Pendant quinze grands jours je m'en vais donc là voir,
L'entendre, lui parler, enfin vivre auprès d'elle.
J'espère, je l'avoue, amant discret, fidèle,
Faire agréer mes soins. mon hommage, mes vœux,
Et peut-être obtenir quelques touchants aveux.
Je crois qu'à la campagne on est encor plus tendre,
Que d'aimer, tôt ou tard, on ne peut s'y défendre.
Bois, prés, fleurs, d'un ruisseau les aimables détours,
Et ce peuple d'oiseaux qui chantent leurs amours,
Tout, le charme puissant de la nature entière,
Pénètre, amollit l'âme, et l'âme la plus fière.
Quand on aime une fois, rien ne distrait d'aimer.
On est tout à l'objet qui nous a su charmer.
On ne se quitte plus, comme deux tourterelles...
(Car à chaque pas, là, vous trouvez des modèles),
Promenades, travaux, plaisirs, tout est commun ;
Et tous deux... mais que dis-je ? alors on n'est plus qu'un.

CRISPIN.

Vous voilà tout rempli de votre amour champêtre ;
Et quelque jour, monsieur, assis au pied d'un hêtre,
Je m'attends à vous voir, au milieu d'un troupeau,
Soupirer pour Philis, bergère du hameau.

FLORIMOND.

Tu ris, mais j'étois fait pour y passer ma vie.
Heureux cultivateur, que je te porte envie!
Ton air est toujours pur, ainsi que tes plaisirs;
Mille jeux innocents partagent tes loisirs.
Tu vois mourir le jour, et renaître l'aurore;
Ton œil, à chaque pas, voit la nature éclore;
Ta femme est belle, sage, et tes enfants nombreux...
Non, ce n'est plus qu'aux champs que l'on peut être heureux!

CRISPIN.

Au moins, n'espérez pas que Lafleur vous imite:
Le diable étoit plus vieux quand il se fit ermite.
Et puis, vous connoissez le bon monsieur Dolban:
Donnera-t-il les mains à votre nouveau plan,
Lui qui, pour l'autre hymen (car c'est vous qui le dites)
S'occupe, en ce moment, à faire des visites?

FLORIMOND.

Eh! que m'importe? aussi pourquoi se presser tant?
Voyez, ne pouvoit-il différer d'un instant?
Voilà comme est mon oncle; il prend tout à la lettre:
Jamais au lendemain on ne l'a vu remettre.
Et puis il aime fort ces commissions-là,
Négociation, demande, et cætera;
Il croit en ce moment conduire une ambassade.
Mais il pourroit venir; et de peur d'incartade,
Je sors; moi... mais on vient, et c'est peut-être lui.

CRISPIN.

C'est madame Éliante.

FLORIMOND.

Autre surcroît d'ennui.

(Il prête l'oreille.)

C'est elle-même. Dieu! quel pénible martyre!

Comment l'aborderai-je, et que vais-je lui dire ?
　(*Il rêve un moment.*)
Je lui vais dire, moi, la chose comme elle est ;
Que je ne l'aime plus, et qu'une autre me plaît :
Je crois qu'il est affreux de tromper une femme.
　(*A Crispin.*)
Laisse-nous.

　　　　　　　　　　　(*Crispin sort.*)

# SCÈNE VI.

## FLORIMOND, ÉLIANTE.

ÉLIANTE, *en voyant Florimond.*
Ah ! monsieur...
　FLORIMOND, *avec beaucoup d'embarras.*
　　　　　　　Pardon... il faut, madame...
　　　　　　　　(*A part.*)
Je ne puis plus long-temps... Mais non. Un tel aveu
Seroit trop dur : il faut le préparer un peu ;
　　　　(*Haut.*)
J'y vais songer. Madame... excusez ma conduite...
De tout, dans un moment, vous allez être instruite.
　　　　　(*Il sort très précipitamment.*)

# SCÈNE VII.

## ÉLIANTE seule.

Qu'entend-il par ces mots et par ce brusque adieu ?
On diroit qu'il a peine à me faire un aveu...
Dieu ! si cet embarras, cette suite si prompte,
D'un fatal abandon cachoit toute la honte ?...

Théâtre. Com. en vers.　　　　　5

Si c'étoit !... on le dit inconstant et léger...
Je n'aurois inspiré qu'un amour passager !
Seroit-il vrai ?... Mais quoi, peut-être je m'abuse :
Peut-être, sans sujet, d'avance je l'accuse.
Florimond, après tout, peut bien être distrait...
Que sais-je ? il est très vif ; et j'ai vraiment regret
D'avoir formé trop vite un soupçon téméraire
Sur un cœur que je crois généreux et sincère.
Attendons jusqu'au bout ; ne précipitons rien :
S'il me trahit, hélas ! je le saurai trop bien.

## SCÈNE VIII.

### ÉLIANTE, M. DOLBAN.

M. DOLBAN.

J'AI l'honneur de parler à madame Éliante ?

ÉLIANTE.

Oui, monsieur.

M. DOLBAN.

Librement à vous je me présente,
Madame.... Mais je suis Dolban, ambassadeur
Deux fois, à Pétersbourg, à Madrid.

ÉLIANTE.

Ah ! monsieur,

Votre nom m'est connu.

M. DOLBAN.

J'ai cru que sans scrupule
Je pouvois supprimer tout fade préambule.
Je m'explique en deux mots : Florimond, mon neveu,
Brûle de voir l'hymen couronner son beau feu.
S'il est digne à vos yeux d'une faveur si grande,
J'ose en venir pour lui faire ici la demande.

ÉLIANTE.

(A part.)                    (Haut.)

Je respire : voilà tout son secret. Monsieur,
La demande pour moi n'a rien que de flatteur;
Et d'un début si franc, bien loin d'être surprise,
Je m'en vais y répondre avec même franchise.
Monsieur votre neveu, dès que je le connus,
M'inspira de l'estime.... et s'il faut dire plus,
Il m'inspira bientôt un sentiment plus tendre.
C'est bien assez, je crois, monsieur, vous faire entendre
Quel prix j'attache aux soins qu'il me rend aujourd'hui.

M. DOLBAN.

Que de grâces je dois vous rendre ici pour lui !

ÉLIANTE.

Un peu trop librement peut-être je m'exprime.

M. DOLBAN.

Cela ne fait pour vous qu'augmenter mon estime,
Madame ; ce ton-là fut toujours de mon goût.

ÉLIANTE.

En ce cas, permettez que, franche jusqu'au bout,
D'une crainte que j'ai je vous fasse l'arbitre :
Estimable d'ailleurs, et même à plus d'un titre,
Généreux, plein d'honneur.... monsieur votre neveu
Passe pour inconstant.... et je le crains un peu.

M. DOLBAN.

Rassurez-vous, madame : on peut bien à cet âge
Être vif et léger, et même un peu volage :
Mais, fût-il inconstant, c'est un léger défaut,
Dont près de vous, sans doute, il guériroit bientôt.
Car votre ambassadeur, qu'en ce moment je quitte,
M'a peint en peu de mots votre rare mérite...

Pardon..... daignerez-vous me marquer l'heureux jour
Où Florimond verra couronner son amour?

ÉLIANTE.

Monsieur...

M. DOLBAN.

Mais c'est à lui de vous presser lui-même ;
Un tel soin le regarde, il est jeune ; il vous aime,
Et sur son éloquence on peut se reposer.

ÉLIANTE.

A la vôtre, monsieur, que peut-on refuser?
Mais souffrez qu'à présent chez moi je me retire ;
Ce que je vous ai dit, vous pouvez le lui dire.
(*M. Dolban la reconduit jusqu'à la porte de son appartement.*)

# SCÈNE IX.

### M. DOLBAN, *seul.*

CETTE femme est aimable, oui, très aimable... au fond
Je porte, je l'avoue, envie à Florimond.
Allons voir les parents, avertir le notaire ;
En un mot, brusquement terminons cette affaire.
L'homme est vif, sémillant, difficile à saisir :
D'échapper, cette fois, qu'il n'ait pas le loisir.

# SCÈNE X.

### M. DOLBAN, FLORIMOND.

### M. DOLBAN, *de loin, à part.*

MAIS le voici, je vais faire un homme bien aise.
(*Haut.*)
Eh bien! l'ambassadeur connoît fort notre Angloise.

FLORIMOND.

Vraiment?

M. DOLBAN.

Il m'en a fait un éloge complet.
Moi-même je l'ai vue, et la trouve en effet
Telle que tous les deux vous me l'aviez dépeinte.
Je déclare tes feux ; elle y répond sans feinte :
Je demande sa main, et sa main est à toi.
Maintenant, Florimond, es-tu content de moi ?

FLORIMOND, avec embarras.

Mon oncle... assurément... Je ne saurois vous rendre...
Je suis confus des soins que vous voulez bien prendre.

M. DOLBAN.

Mon ami, je les prends avec un vrai plaisir :
Je suis tout délassé, quand j'ai pu réussir.
Je vais disposer tout pour la cérémonie,
Et veux que dans trois jours l'affaire soit finie.

FLORIMOND.

Dans trois jours?

M. DOLBAN.

Oui, mon cher : j'espère, dans trois jours,
Par un heureux hymen couronner tes amours.

FLORIMOND.

Mon oncle... vous allez un peu vite peut-être ;
A peine, en vérité, peut-on se reconnoître.

M. DOLBAN.

Comment?.. Tu trouves donc que trois jours sont trop peu?

FLORIMOND.

Je trouve que l'hymen n'est point du tout un jeu,
Et qu'on ne sauroit trop y réfléchir d'avance.

M. DOLBAN.

Toi-même me pressois de faire diligence.

5.

FLORIMOND.

Oui... C'est que, d'un peu loin, l'hymen a mille attraits ;
Mais je tremble, mon oncle, en le voyant de près.

M. DOLBAN.

Tu trembles ?... il est temps, quand j'ai fait la demande !
Et dis-moi, d'où te vient une frayeur si grande ?
Eh quoi ? l'amant qui touche au moment désiré
D'être uni pour jamais à l'objet adoré,
De joie et de plaisir tressaille ; et tu frissonnes !
Quoi ! l'union des cœurs, bien plus que des personnes,
Union dont jamais n'approcha l'amitié,
Les doux embrassements d'une tendre moitié,
D'une épouse à la fois modeste et caressante,
Ce riant avenir te glace et t'épouvante !
Insensible à l'espoir de renaître avant peu
Dans un enfant chéri, gage du plus beau feu,
D'embrasser de tes traits une image aussi chère,
Tu trembles, en songeant au bonheur d'être père !
Ah ! si ce sont pour toi des maux à redouter,
Je crains pour les plaisirs que tu sauras goûter.

FLORIMOND.

Permettez : le portrait d'une épouse chérie
S'offre bien quelquefois à mon âme attendrie :
Quelquefois je souris à ce groupe joyeux
De quatre ou cinq enfants qui croissent sous mes yeux,
Et je voudrois déja d'un tableau qui m'enchante
Voir se réaliser l'image si touchante...
Mais je songe à l'instant qu'à tous ces chers objets
Je serai, par des nœuds, attaché pour jamais,
Que ce qui fut d'abord un penchant volontaire,
Bientôt va devenir un bonheur nécessaire.
Ce spectacle dès lors perd toute sa beauté :
Dès lors je n'y vois plus que la nécessité :

Et puisque l'on ne peut, grâce à la loi sévère,
Sans cesser d'être libre, être époux, être père,
Mon cher oncle, à ce prix, je ne suis point jaloux
D'acheter les beaux noms et de père et d'époux.

#### M. DOLBAN.

Ainsi l'on ne sent plus maintenant, on raisonne !
Par le raisonnement ainsi l'on empoisonne
La source du bonheur, des plaisirs les plus doux !
Eh bien ! j'étois né, moi, pour être père, époux...
L'aspect d'un couple heureux m'a toujours fait envie.
Oui, l'hymen auroit fait le bonheur de ma vie :
A mon amour pour toi je l'ai sacrifié ;
Et sans toi, sans toi seul, je serois marié.

#### FLORIMOND.

Mon oncle, je le sais, et je vous en rends grâce :
Mais faudroit-il que moi je me sacrifiasse ?
Ce n'est pas seulement l'hymen en général
Que je redoute ici : je crains de choisir mal.
Je le vois, Éliante est une philosophe,
Qui de rien ne s'émeut, qui jamais ne s'échauffe,
Qui ne rit pas, je gage, une fois en un jour,
Et, quand il faut aimer, disserte sur l'amour.
Elle a beaucoup d'esprit, elle est sage, elle est belle ;
Mais j'ai peur, entre nous, de m'ennuyer près d'elle.

#### M. DOLBAN.

Voilà donc tes raisons ! elles me font pitié.
De mes soins c'est ainsi que je me vois payé !
Ainsi, mal à propos, j'ai fait une demande :
On m'a donné parole, il faut que je la rende ;
Et tu viens te dédire au moment du contrat !
Peux-tu donc à ce point me compromettre, ingrat ?

FLORIMOND.

Je suis mortifié de ces démarches vaines...

M. DOLBAN.

Tu pourrois d'un seul mot payer toutes mes peines.
Dis seulement, dis-moi que tu l'épouseras.

FLORIMOND.

Je ne puis, en honneur.

M. DOLBAN.

Tu ne le veux donc pas?

FLORIMOND.

Mais quel acharnement, mon oncle, est donc le vôtre?
Puis-je, aimant une femme, en épouser une autre?

M. DOLBAN.

Comment...?

FLORIMOND.

Oui; pour trancher d'inutiles discours,
J'aime une autre, vous dis-je, et l'aimerai toujours.

M. DOLBAN.

Je ne m'attendois pas à ce trait, je l'avoue :
Aimer une autre! ainsi de son oncle on se joue!
Quoi, pendant que je fais des démarches pour toi,
Tu cours aux pieds d'une autre, et lui promets ta foi!
Mais à mon tour aussi je m'en vais te confondre :
Pour la dernière fois, il s'agit de répondre...
Ne crois pas qu'à ton gré je consente à fléchir.
Je veux bien te donner du temps pour réfléchir.
Florimond, dans une heure il faut me satisfaire,
Ou... tu verras alors ce que je saurai faire.

# SCÈNE XI.

### FLORIMOND, *seul.*

EH mais ! de ce ton-là je suis un peu surpris.
Que me veut-il enfin? je ne suis point son fils.
On se fait un devoir d'obéir à son père :
On cède avec plaisir aux ordres d'une mère :
Pour les oncles ! ma foi, l'on ne dépend pas d'eux.
               (*Il regarde à sa montre.*)
Mais Valmont et sa sœur sont sortis tous les deux.
Qu'ai-je à faire? Voyons : j'aime la vie active.
     (*Il rêve.*)
Ah ! bon ! Lafleur !... Lafleur ! Mais voyez s'il arrive?
On ne sauroit jouir de ce maudit valet.
Lafleur !... Il ne vient plus que quand cela lui plaît.
Il me l'avoit bien dit... Ce coquin-là se forme...
Cela gêne pourtant. Je vais voir... pour la forme,
L'Opéra, les François et les Italiens :
Je ne fais qu'y paroître, et bientôt je reviens.

**FIN DU SECOND ACTE.**

# ACTE TROISIÈME.

## SCÈNE I.

### ÉLIANTE, LISETTE.

#### LISETTE.

Un si prompt changement a lieu de me surprendre,
Madame, pardonnez... Mais ne pourrois-je apprendre
La cause du chagrin, du trouble où je vous voi?

#### ÉLIANTE, *une lettre à la main, très émue.*

Je ne veux plus jamais croire à la bonne foi.

#### LISETTE.

Vous avez lu vingt fois et relu cette lettre
Qu'à l'instant en vos mains l'hôte vient de remettre :
C'est elle qui, sans doute, a causé tout le mal.

#### ÉLIANTE.

Il est trop vrai, Lisette; et ce courrier fatal
M'apprend de Florimond l'action la plus noire.
A Brest, au premier jour, aurois-tu pu le croire?
Il va se marier, et le contrat est fait.

#### LISETTE.

Qu'entends-je? Un trait pareil est bien noir en effet.

#### ÉLIANTE.

Essuya-t-on jamais un plus sensible outrage?
Oui, j'en pleure à la fois et de honte, et de rage.

#### LISETTE.

Madame, trève, en grâce, à ce trouble mortel.

ÉLIANTE.

Je ne puis un moment rester en cet hôtel.
Hélas! moi, je croyois que cette impatience...
Eh! qui n'eût, à ma place, eu même confiance?
Qui n'auroit cru de même à cette vive ardeur,
A ces transports brûlants?... Je vantois sa candeur!

LISETTE.

Madame, tout cela me paroît impossible.

ÉLIANTE.

Ce qui porte à mon cœur le coup le plus sensible,
Lisette, ce n'est pas son infidélité;
C'est sa noirceur profonde, oui, c'est sa fausseté.
Il pouvoit m'oublier, il en étoit le maître;
Mais de m'en imposer qui le forçoit?... le traître!
« Non, jamais de tromper je ne me fis un jeu
« (Disoit-il); quand ma bouche exprime un tendre aveu,
« C'est que j'aime en effet. »

LISETTE.

Nous avoir abusées!
Voyez pourtant à quoi nous sommes exposées!
Mais c'est peut-être un bruit que l'on a répandu:
Pourquoi le condamner sans l'avoir entendu?

ÉLIANTE.

Oui, tu m'y fais songer. J'ai tort: hélas! peut-être
C'est sur de faux rapports que je le crus un traître.
Attendons, en effet. Justement le voici:
Laisse-nous: avant peu, j'aurai tout éclairci.

(Lisette sort.)

# SCÈNE II.

### ÉLIANTE, FLORIMOND.

FLORIMOND, *à part, de loin, en apercevant Éliante.*

ENCOR!

ÉLIANTE.

Soulagez-moi d'une peine cruelle,
Monsieur.

FLORIMOND.

(*A part.*)

Qui? moi, madame? Ah! bon dieu! sauroit-elle
Que la sœur de Valmont?...

ÉLIANTE.

A l'instant je reçoi
Un avis, mais auquel je n'ose ajouter foi.

FLORIMOND, *à part.*

Allons, elle sait tout.

ÉLIANTE.

Une action si noire
Est indigne de vous, je ne dois point y croire.
On dit, monsieur...

FLORIMOND.

Eh bien! je la nierois à tort,
Madame; on vous a fait un fidèle rapport.

ÉLIANTE.

Qu'entends-je?

FLORIMOND.

Il est trop vrai. Je confesse à ma honte
Une infidélité si coupable et si prompte.

ÉLIANTE.

Eh quoi! monsieur... j'en crois à peine un tel aveu.
Quoi, vous?... c'est donc ainsi que l'on se fait un jeu?...

FLORIMOND.

Madame, j'avouerai que je suis bien coupable.
Oui, je sens qu'à vos yeux je suis inexcusable ;
Aussi je suis bien loin de me justifier.
Un autre, dans ma place, auroit tout su nier :
Un autre eût fait mentir ses yeux et son visage ;
Mais je ne fis jamais ce vil apprentissage.
Je suis léger, volage, et j'ai bien des défauts ;
Mais du moins je n'ai pas un cœur perfide et faux.

ÉLIANTE.

Ce langage m'étonne, il faut que je le dise.
Il vous sied bien, monsieur, de jouer la franchise,
A vous qui me cachant un indigne secret….!

FLORIMOND.

Ah ! si je me suis tû, ce n'étoit qu'à regret.
Vous dûtes voir combien une telle contrainte
Coûtoit à ma franchise, et que la seule crainte
Retenoit mon secret, tout près de m'échapper.
Mais se taire, après tout, ce n'étoit pas tromper.

ÉLIANTE.

Vous soutenez fort bien ce noble caractère.
Comme si vous n'aviez fait ici que vous taire !
De grâce, dites-moi, quel fut votre dessein,
Quand votre oncle pour vous vint demander ma main ?
Répondez…

FLORIMOND.

A cela je répondrai, madame,
Que mon oncle ignoroit cette subite flamme.

ÉLIANTE.

Allons, fort bien. Mais vous, monsieur, vous le saviez,
Quand ici même, ici, vous sûtes à mes pieds
Prodiguer les serments d'une amour éternelle.

FLORIMOND.

Moi, madame? depuis ma passion nouvelle,
Je ne vous ai pas dit un mot de mon amour.

ÉLIANTE.

J'admire un tel sang-froid. Quoi! monsieur, en ce jour,
Plus tendre que jamais, plein d'une ardeur extrême,
Vous n'êtes pas venu me dire, *je vous aime?*

FLORIMOND.

Sans doute, je le dis, madame, j'en convien,
Et quand je le disois, mon cœur le sentoit bien.

ÉLIANTE, *à part.*

O ciel! à sa franchise aurois-je fait injure?
( *Haut.* )
Expliquons-nous ici, monsieur, je vous conjure.
M'auroit-on abusée en voulant m'informer
Des nœuds que votre main étoit près de former?

FLORIMOND.

Non, madame

ÉLIANTE.

C'est donc vous qui m'avez trompée?

FLORIMOND.

Non, madame.

ÉLIANTE.

A présent, me voilà retombée
Dans mon incertitude et mes premiers combats.
Eh quoi! monsieur, tantôt vous ne me trompiez pas?

FLORIMOND.

Non; je suis infidèle, et ne suis point un traître.

ÉLIANTE.

Point traître, dites-vous? Et n'est-ce donc pas l'être,
Que de venir ici m'engager votre foi,
Quand vous êtes, à Brest, près d'épouser?

FLORIMOND.

Qui? moi?

Je n'épouse personne à Brest, je vous le jure.

ÉLIANTE.

Monsieur, c'est trop long-temps soutenir l'imposture.
Il n'est pas vrai qu'à Brest vous êtes sur le point
D'épouser Léonor?...

FLORIMOND.

Je ne l'épouse point.

ÉLIANTE.

C'en est trop.

FLORIMOND.

Jusqu'au bout, écoutez-moi, de grâce,
Il s'en est peu fallu que je ne l'épousasse.
Pardonnez... envers vous je ressens tous mes torts;
Mais enfin, revenu de mes premiers transports,
J'ai couru jusqu'ici pour fuir ce mariage.
Je vous ai fait tantôt honneur de ce voyage,
Et je n'ai qu'en cela blessé la vérité :
Encore pour le faire il m'en a bien coûté.
Mais tout le reste est vrai : mon ardeur se réveille,
Dès qu'ici votre nom vient frapper mon oreille ;
Et c'est de bonne foi, madame, qu'en ce jour
Je jurois à vos pieds un éternel amour.

ÉLIANTE.

(A part.)

Ah ! je respire... Et moi, trop prompte, je l'accable !...
(Haut.)
Ainsi de fausseté vous n'étiez point coupable?

FLORIMOND.

Madame, sans cela, je le suis bien assez.

ÉLIANTE.

Ne parlons plus de torts ; ils sont tous effacés.

FLORIMOND.

Tantôt à ce pardon j'aurois osé prétendre,
Mais...

ÉLIANTE.

Eh bien?

FLORIMOND.

Maintenant...

ÉLIANTE.

Je ne puis vous entendre,
Expliquez-vous.

FLORIMOND.

Hélas! si je m'explique mieux,
Madame, je m'en vais vous paroître odieux.

ÉLIANTE.

Votre aveu, me dût-il porter un coup bien rude,
Je le préfère encore à cette incertitude.
Parlez, monsieur, parlez.

FLORIMOND.

Eh bien! puisqu'il le faut,
C'est qu'...en vous attendant chez mon ami... tantôt...
J'ai trouvé... Mais pourquoi vous perdois-je de vue?
D'une charmante sœur la visite imprévue...
Je ne saurois poursuivre, embarrassé, confus...

ÉLIANTE.

J'entends ; épargnez-moi ces discours superflus.

FLORIMOND.

Un tel aveu, sans doute ; a droit de vous déplaire.

ÉLIANTE.

Il ne mérite pas seulement ma colère ;
Adieu.

(Elle sort.)

## SCÈNE III.

### FLORIMOND, *seul.*

Je m'attendois à ce parfait dédain...
Il ne lui sied pas mal, et ce dépit soudain
Donne un air plus piquant à toute sa personne,
Elle paroît très fière... et même je soupçonne...
Ah! la sœur de Valmont vaut encor mieux pourtant:
Peut-on, quand on la voit, n'être pas inconstant?
(*Il voit M. Dolban.*)
Allons la voir. Mon oncle! oh! qu'il m'impatiente!

## SCÈNE IV.

### FLORIMOND, M. DOLBAN.

#### M. DOLBAN.

L'heure est passée : eh bien! sur l'hymen d'Éliante
As-tu changé d'avis?

#### FLORIMOND, *fièrement.*

Je n'en change jamais.

#### M. DOLBAN.

Tu ne l'épouses point?

#### FLORIMOND.

Non, je vous le promets.

#### M. DOLBAN.

Pour la troisième fois, pesez votre réponse :
Renoncez-vous enfin à sa main?

#### FLORIMOND.

J'y renonce.

#### M. DOLBAN.

C'est votre dernier mot?

FLORIMOND.

Oui, monsieur.

M. DOLBAN.

En ce cas,

Je vais prendre un parti que tu ne prévois pas.
Je n'ai que cinquante ans, je suis libre, je l'aime ;
Je me propose, moi.

FLORIMOND.

Vous, mon oncle ?

M. DOLBAN.

Moi-même.

Sottement, pour toi seul, j'étois resté garçon :
J'étois trop bon, vraiment.

FLORIMOND, *reprenant un air détaché.*

Oui, vous avez raison,

Mon oncle ; dans la vie, il faut se satisfaire.

M. DOLBAN.

Elle aura tout mon bien, je n'en fais point mystère.

FLORIMOND.

Chacun peut, à son gré, disposer de son bien.
Tout le vôtre est à vous, et je n'y prétends rien.

M. DOLBAN.

Nous verrons si toujours cela te fera rire.
Je n'ose encor la voir, mais je lui vais écrire.

(*Il veut sortir.*)

FLORIMOND.

Ne sortez point ; ici vous avez ce qu'il faut :
La lettre et la réponse arriveront plus tôt.
De grâce, asseyez-vous, mettez-vous à votre aise.
(*Pendant que son oncle écrit, il se parle à lui-même.*)
Qu'il se hâte, morbleu ! d'épouser son Angloise,

Et me laisse en repos. Les moments sont si chers !
Voilà, je gage, au moins deux heures que je perds.
Je brûle de revoir la beauté que j'adore ;
Car je l'ai vue à peine, et ne sais pas encore.
Comment elle se nomme ; en un mot, je ne sais
Rien, sinon que je l'aime, et qu'elle a mille attraits.
(*Il se retourne vers son oncle et le regarde.*)
(*Haut.*)
Il prend la chose au vif. En ce tendre langage,
Vous n'aviez pas écrit depuis long-temps, je gage ?
M. DOLBAN, *pliant sa lettre.*
Pas tant que toi.

FLORIMOND.
Je crois que vous me peignez mal.
Il faut se défier toujours de son rival.
M. DOLBAN.
C'est fait.

FLORIMOND, *appelant.*
Crispin !... Lafleur !

# SCÈNE V.
## M. DOLBAN, FLORIMOND, CRISPIN.
CRISPIN.
MONSIEUR.
FLORIMOND.
Prends cette lettre ;
A madame Éliante, allons, cours la remettre.
CRISPIN.
J'y vais, monsieur.
M. DOLBAN.
Reviens, et je t'attends ici.
(*Crispin entre chez Éliante.*)

# SCÈNE VI.

## M. DOLBAN, FLORIMOND.

FLORIMOND.

Mon oncle jusqu'au bout soutiendra le défi.

M. DOLBAN.

Oh! ne crois pas que moi sitôt je me démente.
Trop heureux d'obtenir une femme charmante,
De joindre à ce bonheur le plaisir, non moins doux,
De punir un ingrat, un...

FLORIMOND.

Calmez ce courroux.

On n'a plus rien à dire, alors que l'on se venge.
Bien loin de m'en vouloir, parce qu'ici je change,
Sachez-m'en gré plutôt; et convenez enfin,
Que c'est à mon refus que vous devez sa main.

M. DOLBAN.

Hai... Tel qui feint de rire, enrage au fond de l'âme.

FLORIMOND.

Certes, ce n'est pas moi, je n'aime plus la dame,
Vous l'adorez; eh bien! tout s'arrange ici-bas:
Vous l'épousez, et moi, je ne l'épouse pas.

# SCÈNE VII.

## M. DOLBAN, FLORIMOND, CRISPIN une lettre à la main.

FLORIMOND, à Crispin

Déjà?

CRISPIN.

Comme j'entrois, madame alloit écrire.
(A M. Dolban, en lui remettant la lettre.)
Puis vous n'en aurez pas, je crois, beaucoup à lire.

(*A Florimond.*)
Eh mais, je ne sais pas ce que madame avoit :
Je l'observois, monsieur, pendant qu'elle écrivoit...

FLORIMOND.

Sors.

# SCÈNE VIII.

## M. DOLBAN, FLORIMOND.

FLORIMOND, *à M. Dolban, qui lit.*
En bien? quoi! l'effet trompe-t-il votre attente?
Elle ne veut pas même, hélas! être ma tante.

M. DOLBAN.

Apprenez à quel point vous êtes odieux;
Le seul nom de votre oncle est un tort à ses yeux.
Mariez-vous ou non, il ne m'importe guères:
Je ne me mêle plus de toutes vos affaires.

(*Il sort.*)

# SCÈNE IX.

## FLORIMOND, *seul.*

TANT mieux. Voyez un peu quel bruit ces oncles font!

# SCÈNE X.

## FLORIMOND, CRISPIN.

FLORIMOND, *à Crispin, qui lui remet une lettre.*
Ah! ah! de quelle part?

CRISPIN.

De chez monsieur Valmout.

FLORIMOND.

Donne, mon cher Lafleur. Ouvrons vite : sans doute,
Il me marque le jour où l'on se met en route.
Attends.

(*Il lit tout haut.*)

« Pardon, mon cher ami, si je ne vais pas te rendre ta
« visite. Je ne le puis aujourd'hui, ayant une affaire
« pressée à terminer avant mon départ. Car, toutes ré-
« flexions faites, nous partons demain matin, si tu le veux
« bien. Aie soin de te tenir tout prêt...

       Je le serai. Lafleur, va promptement
Préparer tout : allons, ne perds pas un moment.

CRISPIN.

Tout sera prêt, monsieur.

                       (*Il sort.*)

# SCÈNE XI.

### FLORIMOND, *seul.*

            Oh ! la bonne nouvelle !
A demain. c'est demain que je pars avec elle.
Poursuivons.

« Ma sœur est enchantée que tu sois du voyage : elle pa-
« roît t'estimer beaucoup...

       De nouveau lisons ces mots charmants :

« Ma sœur est enchantée que tu sois du voyage : elle pa-
« roît t'estimer beaucoup...

Ah ! j'espère inspirer de plus doux sentimens.

« J'ai même voulu te ménager un plaisir de plus, et j'ai
« engagé son mari à nous accompagner...

Son mari !.. que dit-il ?.. sa sœur est mariée ?
Par nul engagement je ne la crus liée...
Relisons.

« Et j'ai engagé son mari à nous accompagner : c'est un
« homme charmant... »

Mon malheur n'est que trop assuré.
D'un chimérique espoir je me suis donc leurré ?
(Il tombe accablé sur son fauteuil, et reste quelque
temps ainsi.)
Je suis bien malheureux ! il n'étoit qu'une femme
Que je pusse chérir... là.. de toute mon âme :
Elle seule, en dépit de tous mes préjugés,
M'eût fait aimer l'hymen. Eh bien ! morbleu ! jugez
Si jamais infortune approcha de la mienne ?
D'un mois peut-être il faut qu'un autre me prévienne.

# SCÈNE XII.

### FLORIMOND, CRISPIN.

CRISPIN.

Monsieur, combien faut-il que je mette d'habits ?

FLORIMOND.

Aucun. Je ne pars plus.

CRISPIN.

Quoi ?

FLORIMOND.

J'ai changé d'avis :

Je reste.

CRISPIN.

Mais, monsieur, vous n'êtes point malade ?

FLORIMOND.

Non.

CRISPIN, *à part.*

C'est, je gage, encore ici quelque boutade.
(*Haut.*)
Comment, vous n'allez point visiter ce château?

FLORIMOND.

Non.

CRISPIN.

C'est pourtant dommage : on dit qu'il est si beau.

FLORIMOND.

Quelque château bien vieux, avec un parc bien triste :
Veux-tu que j'aille là m'établir botaniste,
Et goûter le plaisir unique et sans pareil
D'assister, chaque jour, au lever du soleil?

CRISPIN.

Vous faisiez cependant une belle peinture
Des touchantes beautés de la simple nature.

FLORIMOND.

Qui, moi?

CRISPIN.

Je m'en souviens. De plus, contre Paris,
Dieu sait comme tantôt vous jetiez les hauts cris !
Si vous fuyez la ville, et craignez la campagne,
Où faut-il donc, monsieur, que je vous accompagne?

FLORIMOND.

Je ne demande pas ton sentiment, bavard.

CRISPIN.

Mais il faut bien pourtant demeurer quelque part.

FLORIMOND.

Que t'importe?

CRISPIN.

Du moins, nous soupons?

FLORIMOND.

Paix, je pense ;

Il me vient un projet d'une grande importance,
Et qui me rit.

CRISPIN.

Quoi donc ?

FLORIMOND.

Je me fais voyageur.

CRISPIN.

Superbe état pour vous, mon cher maître !

FLORIMOND.

Ah ! Lafleur,

Quel plaisir, quel délice en voyageant l'on goûte !
Toujours nouveaux objets s'offrent sur votre route.
Chaque pas vous présente un spectacle inconnu.
On ne revoit jamais ce qu'on a déja vu.
Une plaine aujourd'hui, demain une montagne ;
Le matin c'est la ville, et le soir la campagne.
Ajoute qu'on ne peut s'ennuyer nulle part :
Un lieu vous plaît, on reste ; il vous déplaît, on part.

CRISPIN.

Et l'amour ?

FLORIMOND.

Plus d'amour, plus de brûlantes flammes.

CRISPIN.

Quoi, tout de bon, monsieur, vous renoncez aux femmes ?

FLORIMOND.

Dis que j'y renonçois, quand mon cœur enchanté
Adoroit constamment une seule beauté ;
Quand mes yeux, éblouis par un charme funeste,
Fixés sur une seule, oublioient tout le reste :

Car je faisois alors injure au sexe entier.
Mais cette erreur, enfin, je prétends l'expier.
Je le déclare donc, je restitue aux belles
Un cœur qui trop long-temps fut aveugle pour elles.
Entr'elles, désormais, je vais le partager,
Le donner, le reprendre, et jamais l'engager.
J'offensois cent beautés, quand je n'en aimois qu'une :
J'en veux adorer mille, et n'en aimer aucune...
Quel jour est-ce ?

CRISPIN.

Jeudi.

FLORIMOND.

Bon. Jour de bal ; j'y cours.
C'est là le rendez-vous des jeux et des amours :
C'est là que je vais voir, parés de tous leurs charmes,
Tant d'objets enchanteurs, de beautés sous les armes.
Je ne pouvois choisir plus belle occasion,
Pour faire au sexe entier ma réparation.

FIN DE L'INCONSTANT.

# L'OPTIMISTE,

ou

# L'HOMME TOUJOURS CONTENT,

COMÉDIE,

PAR COLLIN D'HARLEVIILLE,

Représentée, pour la première fois, le 22 février
1788.

# PERSONNAGES.

M. DE PLINVILLE, l'Optimiste.

MADAME DE PLINVILLE.

ANGÉLIQUE, leur fille.

MADAME DE ROSELLE, nièce de M. de Plinville.

M. DE MORINVAL.

M. DORMEUIL.

M. BELFORT, secrétaire de M. de Plinville.

ROSE, jeune suivante d'Angélique.

PICARD, vieux portier de M. de Plinville.

LÉPINE, laquais de M. de Plinville.

UN POSTILLON.

La scène est en Touraine, au château de Plinville.

# L'OPTIMISTE,

ou

## L'HOMME TOUJOURS CONTENT,

### COMÉDIE.

~~~~~~~~~~~~~~~~~~~~~~~~~~~~~~~~~~~~~~

La scène représente un bosquet rempli d'arbres
odoriférants.

## ACTE PREMIER.

## SCÈNE I.

MADAME DE ROSELLE, *un bouquet à la main, tire
sa montre.*

Est-il bien vrai? qui? moi, levée avant six heures?
Moi, dans ce vieux château, dans ces tristes demeures!
Chez mon oncle?.. Heureux homme! il prétend que chez lui
Tout va le mieux du monde, et moi j'y meurs d'ennui...
Peut-être ai-je bien fait d'y venir... J'imagine
Que je puis être utile à ma jeune cousine.
Je crois... s'il étoit vrai?... j'avouerai qu'à ce prix
Je regretterois peu les plaisirs de Paris.
Près de se marier, cette pauvre Angélique
Paroît de plus en plus triste et mélancolique...
Ce jeune secrétaire, au maintien noble, aisé,
Seroit-il, par hasard, un amant déguisé?
C'est un point qu'il faudroit éclaircir; je soupçonne
Qu'on va sacrifier cette jeune personne :

7.

Tâchons de l'empêcher. Observons... Cependant
Le mariage peut se faire en attendant.
Comment le retarder? Il faudra que j'y songe :
Un prétexte... ma sœur... bon! le premier mensonge
Suffira...

# SCÈNE II.

## MADAME DE ROSELLE, ROSE.

MADAME DE ROSELLE.

Bonjour, Rose. Où portez-vous vos pas?

ROSE.

Ah! madame, pardon; je ne vous voyois pas.
J'ai poussé jusqu'au bout de la grande avenue;
Et puis, sans y songer, je suis ici venue.
Je vais...

*(Elle veut se retirer.)*

MADAME DE ROSELLE.

Vous me fuyez? causons.

ROSE.

Avec plaisir :
Car, moi, j'aime à causer; d'ailleurs, j'ai du loisir :
Mademoiselle écrit.

MADAME DE ROSELLE.

Elle est déja levée?

ROSE.

Bon! jamais le soleil au lit ne l'a trouvée :
Elle n'en dort pas mieux.

MADAME DE ROSELLE.

Elle a donc mal dormi?

ROSE.

Très-mal : je l'entendois; elle a pleuré, gémi.

MADAME DE ROSELLE.

Elle a du chagrin?

ROSE, *soupirant*.

Oui.

MADAME DE ROSELLE.

Ma tante aussi la gronde!...

ROSE.

Elle est grondée ainsi depuis qu'elle est au monde.

MADAME DE ROSELLE.

Oui, ma tante souvent prend de l'humeur pour rien.

ROSE.

Tout en nous querellant, elle nous veut du bien :
Pour sa fille surtout sa tendresse est extrême.

MADAME DE ROSELLE.

Elle aime aussi mon oncle, et le gronde de même.

ROSE.

Tenez, je sais fort bien la cause de son mal :
C'est qu'elle n'aime point monsieur de Morinval ;
Car, lorsqu'elle le voit, ou dès qu'on le lui nomm'...

MADAME DE ROSELLE.

Morinval, cependant, a l'air d'un galant homme.

ROSE.

Galant homme, d'accord ; mais boudeur et chagrin :
On ne lui voit jamais un air ouvert, serein.
Pour moi, son seul aspect m'inspire la tristesse :
Il se peint tout en noir, excepté ma maîtresse ;
Et puis, il n'est point jeune, et ma maîtresse l'est.

MADAME DE ROSELLE.

Il n'est pas vieux non plus.

ROSE.

Ah! pardon, s'il vous plaît.

Il a bien cinquante ans, elle n'en a que seize :
Comment voulez-vous donc qu'un tel époux lui plaise?
Pour moi, je ne sais pas quand je me marierai ;
Mais je répondrois bien que je n'épouserai
Qu'un jeune homme: du moins, quand on est du même âge,
On fait jusques au bout ensemble le voyage.

MADAME DE ROSELLE.

Monsieur Belfort paroît aimable?

ROSE.

Oh ! oui.

MADAME DE ROSELLE.

Sait-on,
Dites-moi, ce que c'est que ce jeune homme?

ROSE.

Non.

Car monsieur l'a reçu sur sa seule figure.

MADAME DE ROSELLE.

Par quel hasard?

ROSE.

Un soir, la nuit étoit obscure,
Un jeune homme demande un asile : on l'admet....
C'étoit monsieur Belfort. Il entre ; l'on soupoit :
On l'invite. Il paroît spirituel, honnête.
Le lendemain, il veut repartir; on l'arrête :
Il pleuvoit. Cependant comme il pleuvoit toujours,
Monsieur, qui le retint ainsi pendant huit jours,
Goûtoit de plus en plus son ton, son caractère.
Enfin, quoiqu'il n'eût pas besoin de secrétaire,
En cette qualité monsieur l'a retenu.

MADAME DE ROSELLE.

Bon ! et depuis ce temps n'est-il pas mieux connu?

ROSE.

Ses bonnes qualités l'ont assez fait connoître.

MADAME DE ROSELLE.

Il a plus d'un emploi, car il tient lieu de maître
A ma cousine.

ROSE.

Eh ! oui : comme il parloit un soir
D'anglois, mademoiselle a voulu le savoir.
« Donnez-en des leçons, » dit monsieur : il en donne.

MADAME DE ROSELLE.

Avec succès, dit-on ?

ROSE.

Il dit qu'elle l'étonne,
Madame, elle savoit sa grammaire en huit jours.

MADAME DE ROSELLE.

En huit jours ! Êtes-vous toujours là ?

ROSE.

Moi ? toujours.

MADAME DE ROSELLE.

Belfort paroît donner ces leçons avec zèle.

ROSE.

Tout-à-fait ; il chérit beaucoup mademoiselle.

MADAME DE ROSELLE.

A ce que je puis voir, elle-même en fait cas ?

ROSE.

Oh ! beaucoup : en effet, qui ne l'aimeroit pas ?
Mademoiselle et moi, même esprit nous anime,
Et, comme elle, pour lui, moi, j'ai beaucoup d'estime.
Si vous saviez combien il est honnête, doux !...

MADAME DE ROSELLE.

Je l'ai jugé d'abord. Que dit-il, entre nous,
De l'air triste et rêveur de ma jeune cousine ?

ROSE.

Mais il est bien chagrin de la voir si chagrine.
On lit dans ses regards une tendre pitié :
Un frère pour sa sœur n'a pas plus d'amitié.
Le matin, de sa chambre il attend que je sorte,
Et me demande alors comment elle se porte.
Mais on rit ; c'est monsieur.

## SCÈNE III.

MADAME DE ROSELLE, M. DE PLINVILLE,
ROSE.

M. DE PLINVILLE.

Ah ! ma nièce, c'est toi !
La rencontre vraiment est heureuse.

MADAME DE ROSELLE.

Pour moi.
Mon cher oncle est toujours au comble de la joie.

M. DE PLINVILLE.

Pour en avoir, madame, il suffit qu'on vous voie.
(A Rose.)
Bonjour, Rose.

ROSE.

Monsieur...

M. DE PLINVILLE.

Mais comme elle embellit !
Du matin jusqu'au soir, elle chante, elle rit.

ROSE.

Monsieur me dit toujours quelque chose d'honnête.

M. DE PLINVILLE.

Nous aurons du plaisir, j'espère, à notre fête.
J'ai dans l'idée ;... oh ! oui : j'ai fait, ma chère enfant,
Un rêve !... car je suis heureux, même en dormant.

MADAME DE ROSELLE.

Oh! je le crois.

ROSE.

Monsieur, contez-nous donc, de grâce...

M. DE PLINVILLE.

Il n'en reste au réveil qu'une légère trace,
Et j'aurois maintenant peine à le ressaisir :
Je me souviens du moins qu'il m'a fait grand plaisir,
Et cela me suffit ; car, lorsque je me lève,
Je suis heureux encor, mais ce n'est plus en rêve.

MADAME DE ROSELLE.

Vous rêvez bien encor, mais c'est tout éveillé.

M. DE PLINVILLE.

Il est vrai : que de fois je me suis oublié
Au bord d'une fontaine, ou bien dans la prairie !
Là, seul, dans une vague et douce rêverie,
Je suis... ce que je veux, grand roi, simple berger...
Que sais-je, moi? Quelqu'un vient-il me déranger?
Alors j'aime encor mieux être moi que tout autre.

MADAME DE ROSELLE.

Le sort d'un roi n'est pas plus heureux que le vôtre.
Je suis contente aussi : pour la première fois
J'ai vu l'aurore.

M. DE PLINVILLE.

Bon !

ROSE.

Tous les jours je la vois.

M. DE PLINVILLE.

En effet, on n'est pas plus matinal que Rose.

MADAME DE ROSELLE.

Savez-vous que l'aurore est une belle chose?

M. DE PLINVILLE.

Oh! oui, surtout ici, surtout au mois de mai.
C'est bien le plus beau mois de l'année.

MADAME DE ROSELLE.

Il est vrai.

ROSE.

C'est un mois qu'en effet, comme vous, chacun aime.
Mais en janvier, monsieur, vous disiez tout de même.

M. DE PLINVILLE.

J'avouerai, mon enfant, que toutes les saisons
Me plaisent tour à tour, par diverses raisons :
Janvier a ses beautés, et la neige est superbe.

MADAME DE ROSELLE.

Il est plus doux pourtant de voir renaître l'herbe,
Et les fleurs...

M. DE PLINVILLE.

Oui, les fleurs. Par exemple, en ces lieux,
On respire une odeur, un frais délicieux.
Dis-moi, vit-on jamais plus belle matinée?
Que nous allons avoir une belle journée !
Il semble, en vérité, que le ciel prenne soin
D'envoyer du beau temps lorsque j'en ai besoin.

MADAME DE ROSELLE.

Tout exprès !

M. DE PLINVILLE.

Pouvions-nous enfin, pour notre pêche,
Choisir une journée et plus douce et plus fraîche?

MADAME DE ROSELLE.

Oh ! non. J'aime beaucoup à voyager sur l'eau.

M. DE PLINVILLE.

Oui? tant mieux !... Tu verras le plus joli bateau!

ROSE.

Ah ! charmant.

M. DE PLINVILLE, *à Rose.*

Angélique est sans doute habillée ?

ROSE.

Pas encor.

M. DE PLINVILLE.

Bon ! du moins est-elle réveillée ?

ROSE.

Oh ! oui, monsieur : je vais l'habiller à l'instant.
Ne partez pas sans nous.

M. DE PLINVILLE.

Non, non ; l'on vous attend.

Hâtez-vous.

ROSE, *en s'en allant.*

Je voudrois être déja partie.
Une pêche ! un bateau !... la charmante partie !

# SCÈNE IV.

MADAME DE ROSELLE, M. DE PLINVILLE.

M. DE PLINVILLE *la suit des yeux.*

HEUREUX âge ! à seize ans, on n'a point de souci ;
Tout plaît.

MADAME DE ROSELLE.

Mais ma cousine est pourtant jeune aussi.
D'où vient donc le chagrin qui chaque jour la mine ?

M. DE PLINVILLE.

Quoi ! le chagrin, dis-tu ? Seroit-elle chagrine ?

MADAME DE ROSELLE.

Vous ne remarquez pas ?

Théâtre. Com. en vers.     8

M. DE PLINVILLE.

Non.

MADAME DE ROSELLE.

Pourtant, on voit bien

Qu'elle rêve...

M. DE PLINVILLE.

En effet. Mais, bon ! cela n'est rien.
Elle a quelque regret de nous quitter, sans doute ;
Et puis, elle est modeste : on sait ce qu'il en coûte...
Mais dès que Morinval aura reçu sa main,
Tu verras : je voudrois que ce fût dès demain.

MADAME DE ROSELLE.

A propos, cet hymen, il faudra le remettre.

M. DE PLINVILLE.

Et pourquoi ?

MADAME DE ROSELLE.

De ma sœur je reçois une lettre ;
A la noce, dit-elle, elle veut se trouver,
Et dans huit jours, peut-être, elle doit arriver.

M. DE PLINVILLE.

Pourquoi donc avec toi n'est-elle pas venue ?

MADAME DE ROSELLE.

Elle hésitoit toujours : sa lenteur est connue.
Moi je l'ai devancée.

M. DE PLINVILLE.

A ravir.

MADAME DE ROSELLE

Ce délai

N'est rien : qu'est-ce, après tout, que huit jours ?

M. DE PLINVILLE.

Il est vrai.

Trop heureux de revoir madame de Mirbelle!
Nous allons tous les deux disputer de plus belle.
Je la connois; aussi je vais me préparer.

MADAME DE ROSELLE, *à part.*

Cela nous donnera le temps de respirer.

M. DE PLINVILLE.

Nous ne l'attendrons pas du moins pour notre fête.
Mais, on vient.

MADAME DE ROSELLE.

Comment donc, ma tante est déja prête?

M. DE PLINVILLE.

Oh! ma femme est toujours exacte aux rendez-vous.

# SCÈNE V.

## MADAME DE ROSELLE, MADAME DE PLINVILLE, M. DE PLINVILLE.

M. DE PLINVILLE *l'embrasse.*

Bonjour, ma chère amie.

MADAME DE PLINVILLE.

Ah! ah! monsieur, c'est vous?

Bonjour, ma nièce. Non, je crois que de la vie,
Maîtresse de maison ne fut plus mal servie.
En voilà déja trois qu'il m'a fallu gronder.

M. DE PLINVILLE.

Ma femme est vigilante; elle sait commander.

MADAME DE PLINVILLE.

J'en ai besoin, monsieur, car vous n'y songez guère.

M. DE PLINVILLE.

Puisque vous faites tout, je n'ai plus rien à faire.

MADAME DE PLINVILLE.

Il faut bien faire tout, si vous ne faites rien.

M. DE PLINVILLE.

Bonne réplique ! Allons, point de souci.

MADAME DE PLINVILLE.

Fort bien !

Et vous croyez, monsieur, qu'avec ce beau système,
Les choses vont ici se faire d'elles-même.

M. DE PLINVILLE.

Il me semble pourtant qu'elles ne vont pas mal.
Nous-rirons ce matin, Dieu sait ! Si Morinval,
Et ma fille venoient, on se mettroit en route.

MADAME DE PLINVILLE.

On ne s'y mettra point.

M. DE PLINVILLE.

On ne part pas ?

MADAME DE PLINVILLE.

Sans doute.

La partie est remise.

MADAME DE ROSELLE.

Est remise !... Comment ?..
Vous riez ?

MADAME DE PLINVILLE.

Oui ; je suis en belle humeur, vraiment !

M. DE PLINVILLE.

Mais encor, dites-moi quelle raison soudaine ?...

MADAME DE PLINVILLE.

Cette raison, monsieur, c'est que j'ai la migraine.

MADAME DE ROSELLE.

Cette migraine-là vient bien mal à propos.

MADAME DE PLINVILLE, à madame Roselle.

Aussi, dès le matin il trouble mon repos :
Il fait un bruit !...

M. DE PLINVILLE.
Qui? moi?

# SCÈNE VI.

LES MÊMES, ROSE.

ROSE, *accourt.*

MONSIEUR, mademoiselle
Va venir à l'instant.

MADAME DE PLINVILLE.

On n'a pas besoin d'elle.

ROSE.

Comment?...

MADAME DE ROSELLE.

On ne part point.

ROSE.

Et le joli bateau?
Où déjeunera-t-on, en ce cas?

MADAME DE PLINVILLE.

Au château.
*(A madame de Roselle.)*
Venez-vous? il s'agit d'une affaire importante :
Je reçois de Paris des étoffes...

MADAME DE ROSELLE.

Ma tante...,
Vous avez plus de goût...

MADAME DE PLINVILLE.

Le mien est peu commun,
D'accord; mais deux avis valent toujours mieux qu'un,
Ma fille là-dessus est d'une insouciance!...
Je suis prête vingt fois à perdre patience.

8.

M. DE PLINVILLE.

Elle fait la méchante.

MADAME DE ROSELLE.

Il me semble, entre nous,
Qu'au fond l'essentiel est le choix d'un époux.

MADAME DE PLINVILLE.

J'en conviens : mais ce choix est une affaire faite ;
Et de ce côté-là ma fille est satisfaite.
Venez donc.

M. DE PLINVILLE.

Un moment.

MADAME DE PLINVILLE.

Eh ! oui, pour babiller
Restez ici, monsieur ; nous allons travailler.

MADAME DE ROSELLE.

Mon oncle, dans le port faites rentrer la flotte.

# SCÈNE VII.

## M. DE PLINVILLE, ROSE.

M. DE PLINVILLE.

( En riant.)          (A Rose.)
Ah ! la flotte ! il est gai. Te voilà toute sotte !

ROSE.

J'en pleurerois.

M. DE PLINVILLE.

Ma femme a de fâcheux instants...
Heureusement cela ne dure pas long-temps.

ROSE,

Mais cela recommence.

M. DE PLINVILLE.

Elle crie, elle gronde ;
Mais c'est la femme, au fond, la meilleure du monde.

ROSE.

A cela près, pourquoi ne part-on pas, monsieur?

M. DE PLINVILLE.

Ma femme a la migraine; et l'on n'est pas d'humeur,
Quand on souffre... D'ailleurs le temps, je crois, se brouille.
Regarde.

ROSE.

Vous riez si bien, lorsqu'on se mouille!
L'autre jour encore...

M. DE PLINVILLE.

Oui; mais un temps pluvieux
Nuiroit à ma santé.

ROSE.

Vous êtes beaucoup mieux,
Ce me semble, monsieur?

M. DE PLINVILLE.

Oui, vraiment, à merveille;
Je me sens chaque jour mieux portant que la veille,
Et je vois revenir les forces, l'appétit.

ROSE.

Hai... vous avez été bien malade.

M. DE PLINVILLE.

On le dit.

ROSE.

Vous en douteriez?

M. DE PLINVILLE.

Non; mais, vois-tu, chère Rose,
D'honneur! je n'ai pas, moi, senti la moindre chose.
J'étois dans un profond et morne accablement,
Mais qui ne me faisoit souffrir aucunement.

ROSE.

Ah! ah!

M. DE PLINVILLE.

Notre machine alors est engourdie,
Et c'est un vrai sommeil que cette maladie.
Mais, en revanche aussi, que le réveil est doux !
Nous renaissons alors, et le monde avec nous.
Vous vivez par instinct ; moi je sens que j'existe.
J'éprouve une langueur, mais elle n'est point triste ;
Et ma foiblesse même est une volupté
Dont on n'a pas d'idée en parfaite santé :
La santé peut paroître, à la longue, un peu fade ;
Il faut, pour la sentir, avoir été malade.
Je voudrois qu'à ton tour tu pusses l'être aussi,
Et tu verrois toi-même ..

ROSE.

Ah ! monsieur, grand merci :
Tomber malade, moi !

M. DE PLINVILLE.

Ce seroit bien dommage.

ROSE.

Et puis si je mourois ?...

M. DE PLINVILLE.

Bon ! meurt-on à ton âge ?
Tu me vois !...

ROSE.

Vous vivez, nous sommes tous contents :
Mais, monsieur, je m'arrête en ce lieu trop long-temps.
Je m'en vais, de ce pas, trouver mademoiselle :
Car le moins que je puis, je me sépare d'elle.

M. DE PLINVILLE.

C'est bien fait.

(Rose sort.)

# SCÈNE VIII.

### M. DE PLINVILLE, seul.

CETTE Rose est une aimable enfant.
Elle aime sa maîtresse, oh ! mais si tendrement !
Dès sa première enfance, auprès d'elle nourrie,
On la prendroit plutôt pour une sœur chérie.
Eh bien ! pour un peu d'or, voyez quelle douceur !
A ma fille je donne une amie, une sœur :
On est vraiment heureux d'être né dans l'aisance.
Je suis émerveillé de cette Providence,
Qui fit naître le riche auprès de l'indigent :
L'un a besoin de bras, l'autre a besoin d'argent ;
Ainsi tout est si bien arrangé dans la vie,
Que la moitié du monde est par l'autre servie.

# SCÈNE IX.

### M. DE PLINVILLE, PICARD.

#### PICARD.

BIEN arrangé pour vous ; mais moi j'en ai souffert.
Pourquoi ne suis-je pas de la moitié qu'on sert ?

#### M. DE PLINVILLE.

Parce que tu n'es point de la moitié qui paye.

#### PICARD.

Et pourquoi, par hasard, ne faut-il point que j'aye
De quoi payer ?

#### M. DE PLINVILLE.

Eh ! mais pouvions-nous être tous
Riches ?

#### PICARD.

Je pouvois, moi, l'être aussi bien que vous.

M. DE PLINVILLE.

Tu ne l'es pas, enfin.

PICARD.

Voilà ce qui me fâche.
Je remplis dans ce monde une pénible tâche,
Et depuis cinquante ans.

M. DE PLINVILLE.

Tu devrois, en ce cas,
Être fait au service.

PICARD.

Eh ! l'on ne s'y fait pas.
Lorsque je veux rester, vous voulez que je sorte ;
Veux-je sortir, il faut que je garde la porte.
Vous êtes maître enfin, et moi je suis valet :
Je dois aller, venir, rester, comme il vous plaît.

M. DE PLINVILLE.

Tu n'en prends qu'à ton aise.

PICARD.

Oh !...

M. DE PLINVILLE.

L'on te considère,
Et tous mes gens ici te traitent comme un père.

PICARD.

Et je sers tout le monde.

M. DE PLINVILLE.

Eh ! cela n'y fait rien :
Sois content de ton sort, ainsi que moi du mien.

PICARD.

Je n'ai point, comme vous, l'art de m'en faire accroire,
Et ne sais point voir clair, quand la nuit est bien noire.

M. DE PLINVILLE.

Je suis donc bien crédule ?

PICARD.

On vous vole à l'envi ;
Et vous vous croyez, vous, parfaitement servi ?

M. DE PLINVILLE, *riant.*

En vérité ?

PICARD.

Chez vous, on pille, on pleure, on gronde ;
Vous trouvez tout cela le plus joli du monde.

M. DE PLINVILLE.

Mais je ne savois pas un mot de tout ceci.

PICARD.

On vous battroit enfin ; vous diriez, *grand merci.*

M. DE PLINVILLE.

Le bon Picard a donc le petit mot pour rire ?

PICARD, *en s'en allant.*

Oui, je suis fort plaisant.

M. DE PLINVILLE.

Tu n'as plus rien à dire ?

PICARD, *enroué à force de s'être échauffé.*

Eh ! je sors.

M. DE PLINVILLE.

Où vas-tu ?

PICARD.

Du matin jusqu'au soir,
Ne faut-il pas courir ? je ne saurois m'asseoir :
Madame, à tous moments, m'envoie à ce village ;
Et... pour je ne sais quoi : dès le matin, j'enrage.

M. DE PLINVILLE.

Allons, va, mon ami.

PICARD.

Voilà bien leurs propos !
*Va, mon ami !* pour eux, ils restent en repos.

(*Il sort.*)

# SCÈNE X.

### M. DE PLINVILLE, seul.

Picard est un peu brusque, il faut que j'en convienne.
Chacun a son humeur, après tout : c'est la sienne.
Je dois quelques égards à ce vieux serviteur.
Il m'est fort attaché, malgré son air grondeur.
Ce bon Picard est las de servir, à l'entendre ;
Et cependant au mot si je voulois le prendre,
Je l'attraperois bien : car, j'ai cela de bon,
Je suis aimé, chéri de toute ma maison.
*(Il s'arrête un moment, comme pour se recueillir.)*
Quand j'y songe, je suis bien heureux ! je suis homme,
Européen, François, Tourangeau, gentilhomme :
Je pouvois naître Turc, Limousin, paysan.
Je ne suis magistrat, guerrier ni courtisan ;
Non : mais je suis seigneur d'une lieue à la ronde.
Le château de Plinville est le plus beau du monde.
Je suis de mes vassaux respecté comme un roi,
Adoré comme un père : il n'est autour de moi
Pas un seul pauvre, oh ! non ; mes voisins me chérissent ;
Mes fermiers sont heureux, et même ils s'enrichissent.
J'ai, du moins je le crois, une agréable humeur ;
Trop ni trop peu d'esprit, et surtout un bon cœur.
Je suis heureux époux, et père de famille.
Je n'ai point de garçons : mais aussi quelle fille !
J'ai de bons vieux amis, des serviteurs zélés.
Je te rends grâce, ô ciel ! tous mes vœux sont comblés.

# SCÈNE XI.

## M. DE PLINVILLE, M. DE MORINVAL.

M. DE PLINVILLE.

Ah! bonjour, mon ami.

M. DE MORINVAL.

Bonjour, je vous salue.

M. DE PLINVILLE.

Vous venez à propos : je passois en revue
Tous mes sujets de joie...

M. DE MORINVAL.

Et moi, tous mes chagrins.

M. DE PLINVILLE.

Je songeois comme ici mes jours sont purs, sereins.

M. DE MORINVAL.

Que ne puis-je me croire heureux comme vous faites!

M. DE PLINVILLE.

Mais il ne tient qu'à vous de le croire; vous l'êtes.

M. DE MORINVAL.

Heureux, moi? sans sujet mes parents m'ont haï;
Par des gens que j'aimois, je me suis vu trahi.

M. DE PLINVILLE.

Oubliez-les; songez à l'ami qui vous reste.

M. DE MORINVAL.

Puis-je oublier encor cet accident funeste,
Qui me priva d'un frère, hélas! que j'adorois?

M. DE PLINVILLE.

Je vous en tiendrai lieu.

M. DE MORINVAL.

Puis, quatre mois après,
Je devins veuf. Dès-lors isolé, sans famille...

Théâtre. Com. en vers.

9

M. DE PLINVILLE.

Mais, si vous n'étiez veuf, vous n'auriez pas ma fille.

M. DE MORINVAL.

Je l'avoue.

M. DE PLINVILLE.

A propos, ma nièce a désiré
Que de huit jours au moins l'hymen fût différé.

M. DE MORINVAL.

Et pourquoi donc?

M. DE PLINVILLE.

Sa sœur en ces lieux doit se rendre
Dans huit jours : je ne puis m'empêcher de l'attendre.

M. DE MORINVAL.

Mais elle ne devoit pas venir.

M. DE PLINVILLE.

Il est vrai ;
Elle a changé d'avis.

M. DE MORINVAL.

Mon ami, ce délai
N'est point naturel.

M. DE PLINVILLE.

Bon !

M. DE MORINVAL.

Je crains quelque mystère.

M. DE PLINVILLE.

A l'autre !

M. DE MORINVAL.

J'ai, je crois, le malheur de déplaire
A votre nièce.

M. DE PLINVILLE.

Eh ! mais, vous êtes singulier?

Ma nièce fait de vous un cas particulier.
Et d'ailleurs il suffit que ma fille vous aime.

M. DE MORINVAL.

Mais êtes-vous bien sûr qu'Angélique elle-même?...

M. DE PLINVILLE.

Eh ! puisqu'elle consent à vous donner sa main...

M. DE MORINVAL.

J'ai peur qu'elle ne forme à regret cet hymen.

M. DE PLINVILLE.

Vos frayeurs, entre nous, ne sont pas raisonnables.

M. DE MORINVAL.

Si fait : je ne suis point de ces gens fort aimables :
Je ne suis plus très jeune.

M. DE PLINVILLE.

Avez-vous cinquante ans ?

M. DE MORINVAL.

Non, pas encor.

M. DE PLINVILLE.

Eh bien ! ce n'est plus le printemps ;
Mais ce n'est pas l'hiver. Ma fille est douce et sage ;
Elle aimera bien mieux un époux de votre âge.

M. DE MORINVAL.

Je ne sais... cependant elle me parle peu.

M. DE PLINVILLE.

Elle n'est point parleuse, et j'en rends grâce à Dieu.

M. DE MORINVAL.

Je ne lui trouve pas cet air satisfait, tendre...

M. DE PLINVILLE.

Écoutez ; à notre âge, il ne faut pas s'attendre
A des transports d'amour...

M. DE MORINVAL.

Non, mais...

M. DE PLINVILLE.

Vous lui plaisez,
Vous avez son estime : eh bien ! vous l'épousez.
Je vais vous confier le bonheur de ma fille,
Et nous ne ferons plus qu'une seule famille.
Déja depuis long-temps nous étions bons amis,
Séparés par l'humeur, par le cœur réunis.
Vous me grondez toujours, et toujours je vous aime.
Vous me convenez fort, je vous conviens de même.
Vous avez, comme moi, naissance, bien, santé :
Il ne vous manque plus qu'un peu de ma gaîté ;
Mais c'est un beau secret que vous allez apprendre :
On doit devenir gai, quand on devient mon gendre.

*(Il prend Morinval sous le bras, et sort avec lui.)*

FIN DU PREMIER ACTE.

# ACTE SECOND.

## SCÈNE I.

### M. BELFORT, *seul.*

QUE mon sort est cruel! Que de maux j'ai soufferts!
L'avenir m'en prépare encor de plus amers.
Non, je ne puis jamais être heureux ni tranquille.
Ah! je devrois quitter ce dangereux asile;
Je le veux, et pourtant j'y reste malgré moi.

(Il rêve.)

## SCÈNE II.

### MADAME DE ROSELLE, M. BELFORT [1].

MADAME DE ROSELLE, *de loin, à part.*
IL doit être en ces lieux. Oui, c'est lui que je vois;
Profitons du moment. Avec un peu d'adresse,
De ses secrets bientôt je me rendrai maîtresse.
A son âge on est franc, facile à pénétrer.

> (*Haut, à Belfort.*)

Ah! je n'espérois pas ici vous rencontrer,
Monsieur Belfort.

### M. BELFORT.

Madame!...

### MADAME DE ROSELLE.

Excusez, je vous prie;
Je trouble quelque douce et tendre rêverie.

---

[1] Cette scène est de mon ami Andrieux. (*Note de l'auteur.*)

M. BELFORT.

Vous m'honorez beaucoup, en daignant la troubler.

MADAME DE ROSELLE.

Moi je serai fort aise aussi de vous parler.
Soyez persuadé qu'à vous je m'intéresse :
Je vous crois l'âme honnête et pleine de noblesse.
Vous avez de l'esprit.

M. BELFORT.

Ah ! madame.

MADAME DE ROSELLE.

Je veux
Que nous fassions ici connoissance tous deux.

M. BELFORT.

Madame, un tel discours et me flatte et m'oblige.

MADAME DE ROSELLE.

Oui, je veux tout-à-fait vous connoître, vous-dis-je.
Vous pouvez me parler sans nul déguisement.
Que faites-vous ici ? répondez franchement.

M. BELFORT.

Moi ? j'y suis secrétaire, et fort content de l'être.

MADAME DE ROSELLE.

Voilà tout ?

M. BELFORT.

Voilà tout.

MADAME DE ROSELLE.

Vous êtes bien le maître
De ne pas m'avouer, monsieur, tous vos secrets :
Mais, tenez, je les sais, ou du moins à peu près.

M. BELFORT.

Que savez-vous ?

MADAME DE ROSELLE.

En vain vous voudriez me taire
Que vous n'êtes point fait pour être secrétaire.

M. BELFORT.

Sur quoi le jugez-vous?

MADAME DE ROSELLE.

C'est que j'ai de bons yeux,
Le talent d'observer, et l'esprit curieux.
Un geste, un seul regard en dit plus qu'on ne pense.
Et puis, quelqu'un peut-être a votre confidence :
On auroit pu savoir par des gens bien instruits...

M. BELFORT.

Oh! non : je réponds bien qu'on ignore où je suis.
Mon père, dans le monde, est le seul qui le sache.

MADAME DE ROSELLE.

Oui? j'avois donc raison. Ici monsieur se cache :
Vous allez admirer ma pénétration.
Vous êtes, je le vois, né de condition.

M. BELFORT.

Qui peut vous avoir dit?... quelle surprise extrême !

MADAME DE ROSELLE.

Faut-il vous raconter votre histoire à vous-même?
Votre nom de Belfort est un nom supposé.

M. BELFORT.

Vous le savez?

MADAME DE ROSELLE.

Ici, vous êtes déguisé.

M. BELFORT.

Déguisé? point du tout.

MADAME DE ROSELLE.

Par quelle fantaisie
Avez-vous accepté cet emploi, je vous prie?

M. BELFORT.

Mais, par nécessité.

MADAME DE ROSELLE.

Vous plaisantez, comment?

Votre père a du bien?

M. BELFORT.

Oh! non, certainement.

Il en avoit jadis; mais un revers funeste...

MADAME DE ROSELLE.

Allons: dispensez-moi de vous conter le reste.

Vous voyez que je sais votre histoire assez bien.

M. BELFORT.

Je vois que vous savez très peu de chose, ou rien.

MADAME DE ROSELLE.

Oui-dà! vous me piquez. Eh bien! voulez-vous faire

Entre nous un accord qui ne peut vous déplaire?

Je vais vous dire encor quelque chose en secret.

Si je me trompe, à vous permis d'être discret.

Vous ne m'avouerez rien. Mais si, par aventure,

Je ne vous dis ici que la vérité pure;

Alors, promettez-moi de ne me rien cacher.

Il faut y consentir, ou vous m'allez fâcher.

M. BELFORT.

Eh bien! j'en cours le risque, et j'y consens, madame.

MADAME DE ROSELLE.

Voici donc mon secret: c'est qu'au fond de votre âme

Vous aimez ma cousine, et que vous combattez

En vain un sentiment...

M. BELFORT.

Ah! madame, arrêtez:

Comment avez-vous pu deviner que je l'aime;

Tandis que je voulois le cacher à moi-même?

MADAME DE ROSELLE.

C'est donc là le moyen de vous faire parler?
J'en étois sûre.

M. BELFORT.

Ah Dieu! vous me faites trembler.
Ce secret qu'en mon cœur vous venez de surprendre,
Gardez-le-moi du moins. Je vais tout vous apprendre,
Madame; vos bontés ont su m'encourager.
Vous lirez dans mon cœur, et vous m'allez juger,
Vos conseils guideront mon inexpérience,
Ne vous offensez pas de tant de confiance.

MADAME DE ROSELLE.

M'en offenser, monsieur, moi qui veux l'obtenir?
Non; en me l'accordant, vous me ferez plaisir.
Mais quoi! si vous voulez qu'en ceci je vous serve,
Il faudra me parler franchement, sans réserve.
On vous nomme?

M. BELFORT.

Dormeuil.

MADAME DE ROSELLE.

Dormeuil! Eh! mais je crois
Que nous avons beaucoup de Dormeuil en Artois.

M. BELFORT.

J'en suis.

MADAME DE ROSELLE.

Bon! en ce cas je connois votre père,
Je l'ai vu fort souvent. C'est un bon militaire,
Fort estimé, rempli de courage et d'honneur :
Mais il aime le jeu, dit-on, à la fureur;
Et cette passion, aujourd'hui trop commune,
A dérangé, je crois, tout-à-fait sa fortune.

M. BELFORT.

Il est vrai : vous savez d'où vient tout mon malheur.
Un père que j'adore, en est le seul auteur.
Je sais qu'il m'aime, au fond, et je lui rends justice.
Il m'avoit, jeune encor, fait entrer au service :
Mais, privé de secours, y pouvois-je rester ?
Manquant de tout, madame, il m'a fallu quitter.
J'ai fui. J'ai cru devoir, honteux de ma misère,
Déguiser ma naissance et le nom de mon père.
Je vins ici : mon cœur y perdit son repos ;
Et c'est là le dernier, le plus grand de mes maux.

MADAME DE ROSELLE.

A ma jeune cousine avez-vous fait connoître
Votre amour ?

M. BELFORT.

            Ah ! jamais. Moi, le laisser paroître !
Hasarder un aveu ! j'étois loin d'y penser.
A la fuir dès long-temps j'aurois dû me forcer.
Souvent j'allois partir ; un charme involontaire
M'a retenu près d'elle : au moins j'ai su me taire ;
Trop heureux de songer, quand je vois sa froideur,
Que je n'ai pas troublé sa paix et son bonheur !
Mais on vient : c'est monsieur. Il faut que je l'évite,
Il pourroit voir mon trouble.

MADAME DE ROSELLE.

                    Eh quoi ! partir si vite ?
( Il va pour sortir. )

# SCÈNE III.

M. BELFORT, M. DE PLINVILLE, MADAME DE
ROSELLE.

M. DE PLINVILLE, *à M. Belfort.*

Bon! vous vous retirez en me voyant? pourquoi?
Eh mais, ne faites point d'attention à moi.
Du matin jusqu'au soir je viens, je me promène;
Vers ce lieu-ci, surtout, un penchant me ramène.

MADAME DE ROSELLE.

J'y viens souvent aussi. C'est un joli berceau,
Solitaire, et pourtant très voisin du château.

M. DE PLINVILLE.

Vous-même, cher Belfort, c'est ici, ce me semble,
Que vous et votre élève étudiez ensemble.

M. BELFORT.

Oui, monsieur, très souvent.

M. DE PLINVILLE.

                    Et vous avez raison.
Voici, je crois, bientôt l'heure de la leçon.
        (*A madame de Roselle.*)
Angélique est savante : elle lit les poëtes.
        (*A M. Belfort.*)
Moi je l'ai toujours dit : jeune comme vous l'êtes,
On enseigne bien mieux : rien n'est plus naturel.
Vous êtes, sans mentir, un bienheureux mortel!
Vous avez pour élève une jeune personne,
J'ose le dire, aimable, aussi belle que bonne.
Vous habitez d'ailleurs le plus charmant pays!....
Je vous traite aussi bien qu'on traiteroit un fils.

Il est aisé de voir que ma femme vous aime.
Chacun en fait autant ; et ma fille elle-même,
Quand on parle de vous...

M. BELFORT, *très ému.*

Elle me fait honneur,
Monsieur... assurément... je sens tout mon bonheur.
Je ne puis exprimer... Pardon, je me retire.

M. DE PLINVILLE.

Allez, j'entends fort bien ce que cela veut dire.

MADAME DE ROSELLE, *à part.*

Ah ! mon cher oncle, moi je l'entends mieux que vous.

# SCÈNE IV.

## M. DE PLINVILLE, MADAME DE ROSELLE.

M. DE PLINVILLE.

INTÉRESSANT jeune homme ! il s'éloigne de nous,
Tout pénétré de joie et de reconnoissance.
Je suis charmé d'avoir fait cette connoissance.

MADAME DE ROSELLE.

De sa réception on m'a fait le récit :
Il est plaisant.

M. DE PLINVILLE.

Toujours cela me réussit.
Je suis, sans me vanter, bon physionomiste ;
Et je ne pense pas que depuis que j'existe...

MADAME DE ROSELLE.

Vous prîtes cependant un laquais l'an passé.
Pour vol, presqu'aussitôt, ma tante l'a chassé
Vous aimiez, m'a-t-on dit, sa physionomie.

M. DE PLINVILLE.

Oh ! l'on peut se tromper une fois en sa vie.

Mais tu vois sur Belfort si je me suis trompé !
Dès le premier abord sa candeur m'a frappé.

### MADAME DE ROSELLE.

Oui, moi-même, en effet, dès la première vue,
Son air modeste et franc pour lui m'a prévenue,
J'en conviens.

### M. DE PLINVILLE.

Je le crois. Il suffit de le voir.

### MADAME DE ROSELLE.

Mais, entre nous, pourtant, j'aurois voulu savoir...

### M. DE PLINVILLE.

Savoir ? quoi ?

### MADAME DE ROSELLE.

M'informer...

### M. DE PLINVILLE.

Si Belfort est honnête ?
Me préserve le ciel d'une pareille enquête !
Loin de moi les soupçons et les certificats :
Cela répugne trop à des cœurs délicats.
Le charme de la vie est dans la confiance.
J'en ai fait, mille fois, la douce expérience :
Chaque jour je l'éprouve au sujet de Belfort.
Va, les honnêtes gens se connoissent d'abord.
Un certain... ou plutôt, veux-tu que je te dise ?
Je crois fort, et toujours ce fut là ma devise,
Que les hommes sont tous, oui, tous, honnêtes, bons.
On dit qu'il est beaucoup de méchants, de fripons ;
Je n'en crois rien ; je veux qu'il s'en trouve peut-être
Un ou deux ; mais ils sont aisés à reconnoître :
Et puis, j'aime bien mieux, je le dis sans détours,
Être une fois trompé, que de craindre toujours.

MADAME DE ROSELLE.

Eh ! qui de vous tromper pourroit être capable ?
Vous êtes pour cela trop bon et trop aimable.
Je me sens attendrie ; il semble, auprès de vous,
Que je respire un air et plus calme et plus doux.
Mais quelqu'un vient, je crois.

M. DE PLINVILLE *regarde.*

                    C'est ma chère Angélique.

MADAME DE ROSELLE.

Voyez, n'est-elle pas sombre, mélancolique ?

M. DE PLINVILLE.

Non. Ma fille toujours a l'esprit occupé.
Elle pense à l'anglois, ou je suis bien trompé.

MADAME DE ROSELLE.

Elle marche à pas lents.

M. DE PLINVILLE.

             Oui, sa démarche est sage.
Quelle aimable candeur brille sur son visage !

MADAME DE ROSELLE.

Elle ne nous voit pas.

M. DE PLINVILLE.

            Oh ! ce bois est charmant.
Nous allons, nous venons, sans nous voir seulement.

## SCÈNE V.

### MADAME DE ROSELLE, M. DE PLINVILLE, ANGÉLIQUE.

*(Angélique vient sur le théâtre, et rêve, sans voir son père ni sa cousine.)*

M. DE PLINVILLE *s'avance doucement derrière elle.*
Angélique! Angélique!

ANGÉLIQUE.

Ah! mon père! ah! madame!

M. DE PLINVILLE.

Ce cri-là m'est allé jusques au fond de l'âme.

MADAME DE ROSELLE.

Bonjour, mon cœur.

M. DE PLINVILLE.

Bonjour. Quel teint frais et vermeil!

ANGÉLIQUE.

J'ai cependant dormi d'un très léger sommeil.

M. DE PLINVILLE.

Léger, mais calme et doux, celui de l'innocence.
C'est aussi le sommeil de la convalescence.
Mais je suis un peu las : depuis le déjeuné,
Je cours. Asseyons-nous.

(*Il s'assied.*)

# SCÈNE VI.

## MADAME DE ROSELLE, M. DE PLINVILLE, ANGÉLIQUE, MADAME DE PLINVILLE.

MADAME DE PLINVILLE.

Je l'avois deviné.
Ce bosquet deviendra salon de compagnie.
Et moi, je reste seule : avec moi l'on s'ennuie.

MADAME DE ROSELLE.

A la campagne on peut quelquefois se quitter.

MADAME DE PLINVILLE.

Fort bien. Mais vous, monsieur, allez donc visiter
Vos ouvriers.

M. DE PLINVILLE.

J'y vais. J'aurois été bien aise
De rester : mais, pour peu que cela te déplaise,
Je pars. Puis, j'aime à voir ces pauvres malheureux
Travailler en chantant. Je raisonne avec eux.

MADAME DE PLINVILLE.

Et vous les dérangez.

M. DE PLINVILLE.

Voyez le grand dommage !
Cela les désennuie : ils font assez d'ouvrage.

MADAME DE PLINVILLE.

Mais allez donc, enfin.

M. DE PLINVILLE.

Eh ! calme-toi, bon Dieu !
Ce ton-là, tu le sais, m'épouvante fort peu :
Si je cède souvent, va, ce n'est pas, ma chère,
Que je te craigne ; oh non ! c'est que j'aime à te plaire.

MADAME DE ROSELLE.

Eh! nous le savons bien.

*(Il s'en va, se retourne, envoie un baiser à sa femme,*
*sourit à sa nièce et à sa fille, et sort gaîment.)*

# SCÈNE VII.

MADAME DE ROSELLE, MADAME DE PLINVILLE,
ANGÉLIQUE.

MADAME DE PLINVILLE.

C'est un cœur excellent :
Mais, si quelqu'un ici n'avoit pas le talent...

MADAME DE ROSELLE.

Vous l'avez ; car à tout ma tante sait suffire.
C'est un coup-d'œil ! un tact !... Pour moi, je vous admire.
Mais j'aime bien mon oncle. Il est si gai !

MADAME DE PLINVILLE.

Fort bien :
Mais cette gaîté-là, pourtant, n'est bonne à rien.

MADAME DE ROSELLE.

Elle est bonne pour lui, du moins.

MADAME DE PLINVILLE.

Le beau mérite !
Cette indulgence enfin, sa vertu favorite,
Fait que tout va de mal en pis dans sa maison :
Trouver tout bien, ainsi, sans rime ni raison,
C'est ne penser qu'à soi.

MADAME DE ROSELLE.

Bon !

MADAME DE PLINVILLE.

Un tel Optimisme,
A parler franchement, ressemble à l'égoïsme.

10.

MADAME DE ROSELLE.

Égoïsme? mon oncle un égoïste, ô ciel!
Il a, je vous l'avoue, un heureux naturel :
Mais s'il prend très souvent ses maux en patience,
Même gaîment, a-t-il la même insouciance,
Quand il s'agit des maux et des revers d'autrui?
Quel est le pauvre enfin qui n'ait un père en lui?
Je conçois, en effet, que mon oncle, à la ronde
Faisant autant d'heureux, croie heureux tout le monde.
(Regardant Angélique avec intérêt.)
Il peut bien se tromper sur le choix des moyens
D'assurer son bonheur, et le bonheur des siens;
Mais son intention est toujours droite et pure;
Et je souhaiterois à tel qui le censure,
Et là même franchise et la même bonté.

MADAME DE PLINVILLE.

Eh! mais quelle chaleur! il semble en vérité!...

MADAME DE ROSELLE.

Que du nom d'*Optimiste* en riant on le nomme;
Mais qu'on dise que c'est un honnête, un digne homme.

MADAME DE PLINVILLE.

Qui vous dit le contraire?

ANGÉLIQUE.

Oh! personne; mais quoi!
L'entendre ainsi louer est un plaisir pour moi,
Je ne m'en défends pas.

MADAME DE PLINVILLE.

Fort bien, mademoiselle;
Mais la leçon d'anglois, quand commencera-t-elle?

ANGÉLIQUE.

Je croyois rencontrer monsieur Belfort ici.

MADAME DE PLINVILLE.

Eh bien! de son côté, Belfort vous cherche aussi.

ANGÉLIQUE, *voulant sortir.*

Je vais...

MADAME DE PLINVILLE.

Où? le chercher au bout de l'avenue?
Perdez tout votre temps en allée et venue.
Je retourne au château; je vais vous l'envoyer.
Attendez-le, et songez à bien étudier;
Car vous vous mariez dans quelques jours peut-être:
Il faudra bien qu'alors vous vous passiez de maître.

*(Elle sort.)*

# SCÈNE VIII.

## MADAME DE ROSELLE, ANGÉLIQUE.

MADAME DE ROSELLE.

Je vous possède donc pour un petit moment.
On ne peut vous parler, ni vous voir seulement.
Il semble, en vérité, que vous fuyez ma vue:
C'est cependant pour vous qu'ici je suis venue;

ANGÉLIQUE.

D'un tel empressement mon cœur est pénétré.

MADAME DE ROSELLE.

En ce cas, prouvez-moi que vous m'en savez gré.
De ma jeune cousine on me vantoit sans cesse
L'enjouement, la beauté, la grâce, la finesse.
Je trouve bien l'esprit, la grâce, les appas;
Mais, quant à l'enjouement, je ne le trouve pas.

ANGÉLIQUE.

Vous me flattez. Pour moi, s'il faut que je le dise,
Plus agréablement je fus d'abord surprise;
Car tout ce que je vois est encore au dessus...

MADAME DE ROSELLE.

Ne me louez pas tant, et riez un peu plus.
Faut-il donc vous prier d'être gaie à votre âge,
Surtout quatre ou cinq jours avant le mariage?
Le mari dont pour vous vos parents ont fait choix,
Mérite votre amour, ou du moins je le crois.

ANGÉLIQUE.

Il est fort estimable.

MADAME DE ROSELLE.

Oh ! tout-à-fait, ma chère.
Et vous formez ces nœuds avec plaisir, j'espère?

ANGÉLIQUE.

Avec plaisir, madame? oui, c'en est un pour moi
De contenter mon père ; il engage ma foi,
Me donne à son ami : j'obéis sans murmure.

MADAME DE ROSELLE.

Vous serez très heureuse avec lui, j'en suis sûre.
(A part.)
Pauvre enfant ! Ne laissons point faire cet hymen.
Mais j'aperçois Belfort. Suivons notre examen :
Sachons si, par hasard, ils sont d'intelligence.

# SCÈNE IX.

## MADAME DE ROSELLE, ANGÉLIQUE, M. BELFORT.

MADAME DE ROSELLE.

On pourroit vous gronder d'un peu de négligence.
On vous attend ici depuis long-temps...

M. BELFORT.

Pardon.
J'ai peut-être manqué l'heure de la leçon :
Mais c'est que j'ai cherché long-temps mademoiselle.

ANGÉLIQUE.

Point d'excuse, monsieur. Je connois votre zèle.

MADAME DE ROSELLE.

Avez-vous un livre?

M. BELFORT.

Oui; j'ai là Milton.

MADAME DE ROSELLE.

Eh bien!

Commencez la leçon. Que je n'empêche rien.

*(A part.)*

Je vais les observer.

ANGÉLIQUE.

Mais...

MADAME DE ROSELLE.

Commencez, de grâce.

Je n'entends point l'anglois; mais j'ai sur moi le Tasse.
Je vais lire à deux pas. Allons, point de façon.
*(Elle se retire, mais ne va pas loin; et pendant la
scène suivante, paroît de temps en temps à travers
le feuillage.)*

# SCÈNE X.

## ANGÉLIQUE, M. BELFORT.

*(Ils restent un moment sans rien dire.)*

ANGÉLIQUE.

Je vais mettre à profit, monsieur, cette leçon.
Car... que sais-je?.. peut-être est-elle la dernière.

M. BELFORT.

Vous croyez?..

ANGÉLIQUE.

Je le crains, monsieur. Votre écolière
Auroit encor besoin de vos leçons, je croi.

M. BELFORT.

Monsieur de Morinval sait l'anglois mieux que moi,
Et...

ANGÉLIQUE.

Je ne doute point du tout de sa science ;
Mais je doute qu'il ait autant de patience.

M. BELFORT.

Croyez qu'auprès de vous on n'en a pas besoin.
Sans doute, avec plaisir il va prendre ce soin :
Puis il parle la langue, il arrive de Londre ;
Et c'est un avantage...

ANGÉLIQUE.

Oh ! je puis vous répondre
Que je n'apprendrai point à prononcer l'anglois ;
L'entendre bien, voilà tout ce que je voulois.

M. BELFORT.

Mais vous en êtes là : car enfin il me semble
Que vous l'entendez...

ANGÉLIQUE.

Oui, quand nous lisons ensemble.
Grâces à vous, monsieur, je suis prompte à saisir ;
Vous enseignez si bien !

M. BELFORT.

J'enseigne avec plaisir,
Du moins : il est aisé d'instruire une personne
Qui profite si bien des leçons qu'on lui donne.

ANGÉLIQUE.

Vous trouvez donc, vraiment, que je fais des progrès ?

M. BELFORT.

Ah ! beaucoup.

ANGÉLIQUE.

Cette etude a pour moi des attraits,
Monsieur : j'ai tout de suite aimé la langue angloise.

M. BELFORT.

Je ne suis point du tout surpris qu'elle vous plaise,
Mademoiselle : il est des Angloises à vous
Un tel rapport d'humeur, de sentiments, de goûts !...

ANGÉLIQUE.

Vous croyez?...

M. BELFORT.

Vous avez beaucoup de leurs manières.
Elles sont nobles, même elles sont un peu fières ;
Elles parlent très peu, mais parlent à propos,
Ne médisent jamais ; et dans leurs moindres mots,
On voit régner toujours une sage réserve.
Voilà leur caractère ; et plus je vous observe,
Plus je crois voir qu'au vôtre il ressemble en tout point.

ANGÉLIQUE.

Je le souhaite, mais je ne m'en flatte point.

M. BELFORT.

Eh bien ! je trouve encore une autre ressemblance.
Oui, d'elles vous avez jusqu'à l'indifférence...
Ah ! pardon, je n'ai pas dessein de vous blâmer :
C'est sans doute un bonheur que de ne point aimer.
Mais vous leur ressemblez en cela davantage.
Car enfin, chacun sait qu'elles ont en partage
Un calme, une froideur.... et peut-être un dédain
Qui sait les préserver...

ANGÉLIQUE.

Oui, d'un penchant soudain.
Mais elles ne sont pas toujours aussi paisibles.
Souvent ces dehors froids cachent des cœurs sensibles,

Où l'amour, en effet, entre d'un pas plus lent,
Mais tôt ou tard allume un feu plus violent...
Nous avons vu cela, monsieur, dans nos lectures.

M. BELFORT.

Oui, nous en avons lu d'assez belles peintures :
Mademoiselle lit avec goût, avec fruit.

ANGÉLIQUE.

Nous oublions, je crois, la leçon : le temps fuit.

# SCÈNE XI.

## ANGÉLIQUE, MADAME DE ROSELLE, M. BELFORT.

MADAME DE ROSELLE.

Eh bien ! notre écolière est-elle un peu savante ?

M. BELFORT.

Tout-à-fait.

MADAME DE ROSELLE, *sans trop d'affectation.*
La lecture étoit intéressante.

Vous êtes attendrie, et votre maître aussi.
Ce Milton quelquefois est touchant. Mais voici
Rose...

# SCÈNE XII.

## LES MÊMES, ROSE.

(Nota. *Que dans la scène précédente on a dû obscurcir
le théâtre, pour annoncer l'orage.*)

ROSE.

Eh ! mais, venez donc. Il va faire un orage
Terrible.

ANGÉLIQUE.

Un orage ?

ROSE.

Oui. Voyez ce gros nuage.

ANGÉLIQUE.

En effet, je n'avois pas fait attention...

MADAME DE ROSELLE, *finement, mais toujours sans*
*affectation.*

Il est vrai, quelquefois la conversation
Nous occupe si fort !

ROSE.

Allons-nous-en bien vite.

MADAME DE ROSELLE.

Elle a raison.

ROSE.

N'ayez pas peur que je vous quitte.'
Mais j'aperçois monsieur, ah ! j'ai moins de frayeur.

# SCÈNE XIII.

LES MÊMES, M. DE PLINVILLE.

M. BELFORT.

LE ciel est tout en feu.

M. DE PLINVILLE.

Quel spectacle enchanteur !...
Je vais de ce tableau jouir tout à mon aise.

MADAME DE ROSELLE.

Mais comment se peut-il que ce tableau vous plaise ?

ROSE.

Ah ! monsieur, sauvons-nous.

M. DE PLINVILLE.

Allons, Rose, du cœur.
Auprès de moi jamais peux-tu craindre un malheur ?

(*Un coup de tonnerre épouvantable.*)

Théâtre Com. en ver　　　11

TOUTES LES FEMMES.

Ah dieu !

M. BELFORT.

Quel bruit affreux !

M. DE PLINVILLE.

Le beau coup ! il m'enflamme,
Vers la divinité cela m'élève l'âme.

ANGÉLIQUE.

Sans doute, il est tombé tout près d'ici.

M. DE PLINVILLE.

Non, non.

Le tonnerre jamais ne tombe en ce canton.
La grêle dans nos champs ne fait point de ravages :
La rivière jamais n'inonde nos rivages.

MADAME DE ROSELLE.

C'est vraiment un pays rare que celui-ci.

# SCÈNE XIV.

LES MÊMES, M. DE MORINVAL.

M. DE MORINVAL.

Voyons, trouverez-vous du bonheur à ceci ?
Le tonnerre est tombé...

M. DE PLINVILLE.

Bon ! où donc ?

M. DE MORINVAL.

Sur la grange.

Elle est en feu.

M. BELFORT.

J'y cours.

(Il sort.)

M. DE PLINVILLE.

Je respire.

M. DE MORINVAL.

Qu'entends-je !

Vous vous réjouirez encor de ce fléau?

M. DE PLINVILLE.

Pourquoi non? il pouvoit tomber sur le château [1].

(*Ils sortent tous.*)

---

[1] Quoique ce trait ait toujours paru faire plaisir, je n'en ai jamais été très content. Je regrette de n'avoir pas connu plutôt l'excellent roman de Goldsmith (le Ministre de Wakefield). J'aurois pu faire usage d'un passage où il est question aussi d'incendie, mais où l'Optimiste Primerose est bien supérieur au mien. Il craint quelque temps pour ses enfants, s'agite, se dévoue, les sauve enfin ; et, voyant d'un côté sa femme et ses enfants hors de danger, et de l'autre sa maison en proie aux flammes, il s'écrie : « Tu peux brûler, ô ma maison! j'ai sauvé les meubles « les plus précieux. » Qui ne sent l'énorme différence qu'il y a entre ce trait sublime, et une saillie qui fait rire seulement? (*Note de l'auteur.*)

FIN DU SECOND ACTE

# ACTE TROISIÈME.

## SCÈNE I.

### M. DE PLINVILLE, ROSE.

#### M. DE PLINVILLE.

LE soleil reparoît. L'herbe est déja plus verte :
Chaque fleur se ranime, et la terre entr'ouverte
Exhale un doux parfum. N'est-il pas vrai qu'on sent...
Un calme... une fraîcheur... un charme ravissant?
Car il en est de nous ainsi que d'une plante.
Oh ! que voilà, ma chère, une pluie excellente !
Nous avions grand besoin de cet orage-ci.

#### ROSE.

Mais la grange est détruite.

#### M. DE PLINVILLE.

Il est vrai, mais aussi
J'ai sauvé l'écurie : elle étoit presque-neuve.
Je le dois à Belfort. J'avois plus d'une preuve
De son bon cœur ; mais quoi ! c'est un brave, vraiment.
As-tu vu comme il s'est exposé hardiment?

#### ROSE.

Je le crois bien. Aussi s'est-il blessé.

#### M. DE PLINVILLE.

Quoi, Rose?

#### ROSE.

Il s'est brûlé la main.

#### M. DE PLINVILLE.

Je sais, c'est peu de chose.

ROSE.

**Peu de chose?**

M. DE PLINVILLE.

Il m'a dit que cela n'étoit rien.

ROSE.

Il me l'a dit aussi; mais moi, je voyois bien
Qu'il souffroit, et beaucoup; car, à cette nouvelle,
J'étois vite accourue avec mademoiselle.
Nous le voyons auprès de monsieur Morinval.
Il ne s'occupoit pas seulement de son mal.
« Sur votre main, monsieur (lui dis-je), il faudroit mettre
« Quelque chose : je vais, si vous voulez permettre...
« Bien obligé (dit-il), il n'en est pas besoin.
« Oh! (dis-je) avec plaisir je vais prendre ce soin. »
Il me donne sa main; ma maîtresse déchire
Un mouchoir en tremblant : lui, paroissoit sourire,
Regardoit, tour à tour, mademoiselle et moi :
J'en suis encore émue, et je ne sais pourquoi.

M. DE PLINVILLE.

Tu m'enchantes : l'aimable et douce créature!

ROSE.

*Il se faut entr'aider; c'est la loi de nature.*
Dans La Fontaine, hier, je lisois ce vers-là.

M. DE PLINVILLE.

Vous lisez La Fontaine?

ROSE.

Eh oui! je sais déja
Douze fables au moins : cela s'apprend sans peine.
J'ai mon livre à la main, lorsque je me promène.

M. DE PLINVILLE.

Bien.

11.

ROSE.

C'est monsieur Belfort qui m'en a fait présent.
Il me fait réciter : il est si complaisant !

M. DE PLINVILLE.

D'avoir un pareil maître Angélique est charmée?...

ROSE.

Oh ! oui. C'est bien dommage : on est accoutumée...
Ce mariage-là va nous contrarier.

M. DE PLINVILLE.

Que veux-tu, mon enfant? il faut se marier.

# SCÈNE II.

## M. DE PLINVILLE, MADAME DE PLINVILLE, ROSE.

MADAME DE PLINVILLE.

A quoi s'amuse-t-elle? à babiller?

ROSE.

J'arrive.

MADAME DE PLINVILLE.

Partez, allez ranger. Surtout, soyez moins vive.

ROSE.

Pardon.

MADAME DE PLINVILLE.

Qu'attendez-vous? partez donc.

ROSE.

Je m'en vais.
Mademoiselle, au moins, ne me gronde jamais.

*(Elle sort.)*

## SCÈNE III.

#### M. DE PLINVILLE, MADAME DE PLINVILLE.

M. DE PLINVILLE.

Je suis vraiment fâché, quand je vois qu'on la gronde ;
Car je l'aime beaucoup.

MADAME DE PLINVILLE.

Vous aimez tout le monde.

M. DE PLINVILLE.

Rien n'est plus naturel. Eh bien ! parlons du feu.
Il est éteint.

MADAME DE PLINVILLE.

Enfin !

M. DE PLINVILLE.

En peu de temps, parbleu !
On s'en est rendu maître. Il n'a duré qu'une heure.
On l'a mené...

MADAME DE PLINVILLE.

Riez.

M. DE PLINVILLE.

Voulez-vous que je pleure ?

MADAME DE PLINVILLE.

Je sais bien que jamais vous n'avez de chagrin.

M. DE PLINVILLE.

Eh ! tant mieux.

MADAME DE PLINVILLE.

A lui voir ce visage serein,
On croiroit qu'il s'agit de la grange d'un autre.

M. DE PLINVILLE.

J'aime mieux que le feu soit tombé sur la nôtre.

Pour tout autre ce coup eût été plus fatal :
Nous sommes en état de supporter le mal.

MADAME DE PLINVILLE.

Vous êtes, sans mentir, un homme bien étrange !

M. DE PLINVILLE.

Eh ! de quoi s'agit-il, après tout? d'une grange.
Eh bien ! ma chère amie, on la rebâtira. —
J'ai du bois en réserve, et l'on s'en servira.
Je n'ai pas fait bâtir depuis long-temps, je pense.

MADAME DE PLINVILLE.

Vous ne cherchez qu'à faire ici de la dépense.

M. DE PLINVILLE.

Les pauvres ouvriers y gagneront. Enfin,
Sans de tels accidents, beaucoup mourroient de faim.
Eh ! ne faut-il donc pas que tout le monde vive ?

MADAME DE PLINVILLE.

Oui, mais en nourrissant les autres, il arrive
Qu'on se ruine.

M. DE PLINVILLE.

Bon ! l'on a toujours assez.
Et les cent mille écus qu'à Paris j'ai laissés ?

MADAME DE PLINVILLE.

Vous avez mal choisi votre dépositaire.
Que ne les placiez-vous plutôt chez un notaire ?

M. DE PLINVILLE.

Un notaire, crois-moi, ne vaut pas un ami.
Dorval, assurément, ne s'est point endormi.
Il devoit me placer, comme il faut, cette somme.

MADAME DE PLINVILLE.

Mais êtes-vous bien sûr qu'il soit un honnête homme ?

M. DE PLINVILLE.

Honnête homme ? Dorval !...

MADAME DE PLINVILLE.

Je sais qu'il joue.

M. DE PLINVILLE.

Un peu.

MADAME DE PLINVILLE.

Beaucoup : c'est un joueur.

M. DE PLINVILLE.

Il est heureux au jeu.

MADAME DE PLINVILLE.

La rente cependant ne vient point.

M. DE PLINVILLE.

Oh ! j'espère...

MADAME DE PLINVILLE.

Vous espérez toujours.

# SCÈNE IV.

## ANGÉLIQUE, M. ET MADAME DE PLINVILLE.

M. DE PLINVILLE, à Angélique.

Ah ! te voilà, ma chère;
Eh bien ! es-tu remise un peu de ta frayeur?

ANGÉLIQUE.

Oui ; je craignois encore un bien plus grand malheur.

M. DE PLINVILLE.

Çà, puisque le hasard tous les trois nous rassemble,
Profitons-en : parlons de mariage ensemble.

MADAME DE PLINVILLE.

Au lieu d'en parler, moi, je vais tout préparer.
Ce n'est pas tout : il faut promptement réparer
Le tort qu'a fait le feu. Ce soin-là me regarde ;
Car à tous ces détails vous ne prenez pas garde.

Voilà la flamme éteinte, et vous croyez tout dit.
Quel homme !

*(Elle sort en haussant les épaules.)*

# SCÈNE V.

### ANGÉLIQUE, M. DE PLINVILLE.

M. DE PLINVILLE.

Son humeur vraiment me divertit.
Dans un ménage il faut de petites querelles.
Tu m'en diras bientôt, toi-même, des nouvelles.

ANGÉLIQUE.

Je vais donc vous quitter ?

M. DE PLINVILLE.

J'en ai bien du regret ;
Mais enfin...

ANGÉLIQUE.

Jour et nuit j'en gémis en secret.

M. DE PLINVILLE.

Je le crois aisément : je connois ta tendresse.

ANGÉLIQUE, *serrant affectueusement la main de son père.*

Mon père !...

M. DE PLINVILLE.

Aimable enfant ! Comme elle me caress
Délicieux transport ! Ah ! viens, viens dans mes bras.

ANGÉLIQUE.

M'aimez-vous ?

M. DE PLINVILLE.

Si je t'aime ? eh ! tu n'en doutes pas.
Je donnerois pour toi mon bien, mon sang, ma vie.

ANGÉLIQUE.

Eh bien...

M. DE PLINVILLE.

Parle, dis-moi ce qui te fait envie.

ANGÉLIQUE.

Mon père, auprès de vous que je vive toujours.

M. DE PLINVILLE.

Oui, j'aurois avec toi voulu finir mes jours.
Tu sèmerois de fleurs la fin de ma carrière :
Je sourirois encore, à mon heure dernière.
Mais ton futur époux demeure à trente pas,
Et nous serons voisins.

ANGÉLIQUE.

      Vous ne m'entendez pas.

M. DE PLINVILLE.

Si fait. Je t'entends bien. Crois que ton père est tendre,
Qu'il est fait pour t'aimer, et digne de t'entendre.
Tu soupires?

ANGÉLIQUE.

    Hélas ! si vous saviez... combien..

Morinval !...

M. DE PLINVILLE.

Est aimé? va, va, je le sais bien.

# SCÈNE VI.

LES MÊMES, M. DE MORINVAL, M. BELFORT.

*(Celui-ci a la main enveloppée d'un ruban noir.)*

M. DE PLINVILLE.

Ah ! bonjour, mes amis.

      *(A Morinval, d'un air mystérieux.)*
      Mais, quels progrès vous faites !

M. DE MORINVAL.

Comment? que dites-vous?

M. DE PLINVILLE.

              Trop heureux que vous êtes

M. DE MORINVAL.

Ce n'est pas mon défaut, cependant... Vous riez?

M DE PLINVILLE.

On vous aime cent fois plus que vous ne croyez;
Et l'on vient de me faire un aveu...

ANGÉLIQUE.

              Quoi, mon père?...

M. DE PLINVILLE.

Non, tu voudrois en vain me prier de me taire.
Après tout, Morinval est ton futur époux.
Belfort est notre ami : nous le chérissons tous.
Sans doute il est charmé que Morinval te plaise.
N'est-il pas vrai, monsieur?

M. BELFORT, *d'un air contraint.*

              Qui? moi? j'en suis fort aise.

M. DE PLINVILLE.

Sachez donc...

ANGÉLIQUE.

C'en est trop. Je ne puis...

M. DE PLINVILLE.

              Il suffit.

Je me tais; mais je crois en avoir assez dit.

M. DE MORINVAL.

Mon bonheur est trop grand, pour qu'ici je le croie.
Je n'ose me livrer à l'excès de ma joie.

M. DE PLINVILLE.

Allons, doutez encor! Mais quel homme! En ce cas,
Vous mériteriez bien qu'on ne vous aimât pas.

Et vous, mon cher Belfort, comment va la blessure?

M. BELFORT, *avec un chagrin concentré.*

Ah ! je n'y songeois pas, monsieur, je vous assure.

M. DE PLINVILLE.

Je n'oublierai jamais ce généreux secours.

M. BELFORT.

Monsieur, sans nul regret j'aurois donné mes jours.
Puis... ces blessures-là ne sont pas dangereuses.

M. DE PLINVILLE.

C'est dommage, mon cher, qu'elles soient douloureuses.

M. BELFORT.

Celle-ci doit, du moins, avant peu se guérir :
Trop heureux qui n'a pas d'autres maux à souffrir !

(*Il sort.*)

# SCÈNE VII.

## ANGÉLIQUE, M. DE MORINVAL, M. DE PLIN-VILLE.

M. DE MORINVAL.

Il paroît abattu.

M. DE PLINVILLE.

Cette mélancolie
Lui sied : elle vaut mieux cent fois que la folie.
Mais parlons de vous deux. Ma fille, en ce moment,
Nous sommes sans témoins ; et tu peux librement
Faire à ce bon ami l'aveu ..

# SCÈNE VIII.

LES MÊMES, LÉPINE *d'un air niais.*

LÉPINE.

MADEMOISELLE,

Madame vous demande.

M. DE PLINVILLE.

Eh mais! que lui veut-elle?

LÉPINE.

Moi, je ne sais, monsieur. On ne me dit jamais
Le pourquoi : seulement, on me dit *va*, je vais.

M. DE PLINVILLE.

Ce Lépine est naïf.

LÉPINE.

Vous êtes bien honnête.
Madame dit pourtant que je suis une bête ;
Car madame et monsieur sont rarement d'accord :
Moi, je suis de l'avis de monsieur : ai-je tort?

M. DE PLINVILLE.

Non, ce que tu dis là prouveroit le contraire.

(*Lépine sort.*)

# SCÈNE IX.

M. DE MORINVAL, M. DE PLINVILLE.

M. DE PLINVILLE.

ENFIN vous êtes sûr que vous avez su plaire ;
Vous allez, je l'espère, être heureux à présent.

M. DE MORINVAL.

Oui, si l'on pouvoit l'être.

M. DE PLINVILLE.

Ah ! le trait est plaisant.
Si l'on pouvoit !... comment, vous en doutez encore ?

M. DE MORINVAL.

Toujours.

M. DE PLINVILLE.

Mais vous aimez ma fille ?

M. DE MORINVAL.

Je l'adore.

M. DE PLINVILLE.

Angélique, à son tour, vous aime ?

M. DE MORINVAL.

Je le croi.

M. DE PLINVILLE.

Vous allez recevoir et sa main et sa foi :
Que vous faut-il de plus ?

M. DE MORINVAL, *vivement.*

Mais est-on, je vous prie,
Heureux précisément parce qu'on se marie ?

M. DE PLINVILLE.

Ah ! mon ami, l'hymen...

M. DE MORINVAL.

L'hymen a ses douceurs,
Je le sais ; sur la vie il sème quelques fleurs.
Mais j'en vois les soucis, les ennuis, les alarmes.

M. DE PLINVILLE.

Eh ! voyez-en plutôt les plaisirs et les charmes ;
Voyez ces chers enfants, gages de votre amour...

M. DE MORINVAL.

A des infortunés je donnerai le jour.

M. DE PLINVILLE.

Les voilà malheureux même avant que de naître !

M. DE MORINVAL.

Je le fus, je le suis : pourroient-ils ne pas l'être?
Ils ne pourront, du moins, échapper aux douleurs.
L'homme, dès en naissant, crie et verse des pleurs.

M. DE PLINVILLE.

Ces pleurs sont un langage, et non pas une plainte.

M. DE MORINVAL.

De mille infirmités son enfance est atteinte.
Pendant deux ans entiers, captif en un berceau,
Il souffre...

M. DE PLINVILLE.

Avant d'être arbre, il faut être arbrisseau.

M. DE MORINVAL.

Tôt ou tard un poison dans les veines circule,
Qui défigure ou tue...

M. DE PLINVILLE.

Oui, mais on inocule.

M. DE MORINVAL.

En a-t-on moins le mal?

M. DE PLINVILLE.

Il n'est plus dangereux.

Pour les femmes, surtout, ce secret est heureux.
Elles ne craignent point de se voir enlaidies.

M. DE MORINVAL.

Mais combien d'autres maux!...

M. DE PLINVILLE.

S'il est des maladies,

Il est des médecins.

M. DE MORINVAL.

C'est encore bien pis.

M. DE PLINVILLE.

Répétez les bons mots que tout le monde a dits!

Il est d'habiles gens, et qu'à tort on insulte.
Souffre-t-on ? on écrit à Paris ; on consulte
Un illustre... Petit, je suppose : il répond ;
Et vous guérit bientôt .[1]

M. DE MORINVAL.

Ah ! tout de suite.

M. DE PLINVILLE.

Au fond,
Soyons de bonne foi ; trop souvent nos souffrances
Sont la suite et le fruit de nos intempérances.
La nature nous a prodigué tous ses dons,
Nous abusons de tout ; et puis, nous nous plaignons !

M. DE MORINVAL.

Vous pourriez, en ce point, avoir raison peut-être.
Mais qu'on a droit, d'ailleurs, de se plaindre ! est-on maître,
Par exemple, d'avoir de la fortune ?

M. DE PLINVILLE.

Non :
Mais le pauvre, content de sa condition,
Est heureux comme nous. Allez, le ciel est juste ;
Et l'ouvrier actif, le paysan robuste,
Ont aussi leurs plaisirs, plaisirs purs, naturels...

M. DE MORINVAL.

Vous ne croyez donc pas qu'il soit des maux réels ?

M. DE PLINVILLE.

Très peu.

---

[1] Quelques critiques ont prétendu que le public, ainsi que M. Petit, n'avoient pas besoin de cet éloge ; mais ils n'ont pas pensé que j'en avois besoin, moi, et que j'acquittois ainsi une dette chère à mon cœur. (Not. de l'aut.)

M. DE MORINVAL.

Nos passions, ennemis domestiques,
Ne sont donc, selon vous, que des maux chimériques?

M. DE PLINVILLE.

Ah! fort bien! vous nommez les passions, des maux!
Sans elles, nous serions au rang des animaux.
Il faut des passions, il nous en faut, vous dis-je;
Et ce sont de vrais biens, pourvu qu'on les dirige.

M. DE MORINVAL.

Oui! dirigez l'amour.

M. DE PLINVILLE.

                    Pourquoi non? sentez-vous
Ce qu'un amour honnête a de touchant, de doux?
Quel plaisir d'attendrir la beauté que l'on aime,
Et de s'aimer encore en un autre soi-même!
De!... J'en aurois parlé bien mieux à vingt-cinq ans.
Hélas! j'ai, sans retour, passé cet heureux temps...
Mais un bien vient toujours nous tenir lieu d'un autre:
L'amitié me console, et je bénis la nôtre.

M. DE MORINVAL.

Vous nous parlez ici d'amour et d'amitié,
De nos affections ce n'est pas la moitié.
Ne comptez-vous pour rien l'avarice sordide,
L'ambition, l'envie et la haine perfide?
Vous, monsieur, qui peignez toutes choses en beau,
Je vous défie ici d'égayer le tableau.

M. DE PLINVILLE.

Oui, ces noms sont affreux, mais les choses sont rares.
Au siècle où nous vivons, il est fort peu d'avares.
D'envieux, dieu merci, je n'en connois pas un:
La haine enfin n'est pas un vice très commun.
L'ambition, peut-être, est un peu plus commune;
Mais soit qu'elle ait pour but les honneurs, la fortune,

C'est un beau mouvement qui n'est pas défendu :
ouvent, loin d'être un vice, elle est une vertu.
Chaque chose a son temps. L'enfance est consacrée
Aux doux jeux ; la jeunesse à l'amour est livrée,
Et l'âge mûr au soin d'établir sa maison.
Croyez-moi, le bonheur est de toute saison.

M. DE MORINVAL.

Vous allez voir qu'il est aussi dans la vieillesse !

M. DE PLINVILLE.

Sans doute, Morinval. Ainsi que la jeunesse,
A le bien prendre, elle a ses innocents plaisirs.
C'est l'âge du repos, celui des souvenirs.
J'aime à voir d'un vieillard la vénérable marche,
Les cheveux blancs ; je crois revoir un patriarche.
Il guide la jeunesse, il en est respecté ;
Il raconte une histoire, et se voit écouté.

M. DE MORINVAL.

Et tout cela finit ?

M. DE PLINVILLE.

Mais.... par la dernière heure.
Je suis né, Morinval ; il faut donc que je meure.
Eh bien ! tranquille et gai jusqu'au dernier instant,
Comme je vis heureux, je dois mourir content.

M. DE MORINVAL.

Et moi... Car à mon tour, il faut que je réponde,
Et que par mille faits, enfin, je vous confonde.
Je vous soutiens, morbleu ! qu'ici-bas tout est mal,
Tout, sans exception, au physique, au moral.
Nous souffrons en naissant ; pendant la vie entière,
Et nous souffrons surtout à notre heure dernière.
Nous sentons, tourmentés au dedans, au dehors,
Et les chagrins de l'âme, et les douleurs du corps.

Les fléaux avec nous ne font ni paix ni trève :
Ou la terre s'entr'ouvre, ou la mer se soulève.
Nous-mêmes, à l'envi, déchaînés contre nous,
Comme si nous voulions nous exterminer tous,
Nous avons inventé les combats, les supplices.
C'étoit peu de nos maux, nous y joignons nos vices.
Aux riches, aux puissants l'innocent est vendu.
On outrage l'honneur, on flétrit la vertu.
Tous nos plaisirs sont faux, notre joie indécente :
On est vieux à vingt ans, libertin à soixante.
L'hymen est sans amour, l'amour n'est nulle part.
Pour le sexe on n'a plus de respect ni d'égard.
On ne sait ce que c'est que de payer ses dettes,
Et de sa bienfaisance on remplit les gazettes.
On fait de plate prose et de plus méchants vers.
On raisonne de tout, et toujours de travers ;
Et dans ce monde enfin, s'il faut que je le dise,
On ne voit que noirceur, et misère, et sottise.

### M. DE PLINVILLE.

Voilà ce qui s'appelle un tableau consolant !
Vous ne le croyez pas, vous-même, ressemblant.
De cet excès d'humeur je ne vois point la cause.
Pourquoi donc s'emporter, mon ami, quand on cause !
Vous parlez de volcans, de naufrage... Eh ! mon cher,
Demeurez en Touraine, et n'allez point sur mer.
Sans doute, autant que vous je déteste la guerre ;
Mais on s'éclaire enfin, on ne l'aura plus guère.
Bien des gens, dites-vous, doivent : sans contredit,
Ils ont tort ; mais pourquoi leur a-t-on fait crédit ?
L'hymen est sans amour ? Voyez dans ma famille.
L'amour n'est nulle part ? Demandez à ma fille.

Les femmes sont un peu coquettes? ce n'est rien :
Ce sexe est fait pour plaire : il s'en acquitte bien.
—Tous nos plaisirs sont faux? mais quelquefois, à table,
Je vous ai vu goûter un plaisir véritable.
On fait de méchants vers? eh! ne les lisez pas.
Il en paroît aussi dont je fais très grand cas.
On déraisonne? eh oui, par fois, un faux système
Nous égare... Entre nous, vous le prouvez vous-même.
Calmez-donc votre bile; et croyez qu'en un mot,
L'homme n'est ni méchant, ni malheureux, ni sot.

M. DE MORINVAL.

Fort bien! Cette réponse est très satisfaisante.

M. DE PLINVILLE.

Eh! je ne réponds point, mon ami; je plaisante.
Car, si je répliquois, nous ne finirions pas ;
Et ce seroit matière à d'éternels débats.
Pardon, de disputer vous avez la manie ;
Oui, vous semblez goûter une joie infinie
A ces tristes tableaux; d'honneur! vous affectez
De voir tous les objets par leurs mauvais côtés.

M. DE MORINVAL.

Ah! j'ai grand tort!...

M. DE PLINVILLE.

                Peut-être; oui, celui d'être extrême.
Et surtout de juger en moi comme un système,
Ce qui n'est que l'effet d'un heureux naturel,
Qu'on peut blâmer, dont moi je rends grâces au ciel.
Je n'ai point cet esprit de fiel et de critique :
Simple, et me piquant peu de vaste politique,
Je supporte les maux, je savoure les biens :
J'en jouis, à la fois, pour moi-même et les miens.

Car mes soins ne pouvant embrasser tous les hommes,
Je tâche, ici du moins, que tous tant que nous sommes,
Goûtions la paix, l'aisance et le bonheur..., bonheur
Que je trouve surtout dans le fond de mon cœur.

M. DE MORINVAL.

Je vois bien qu'avec vous je n'ai plus qu'à me taire.
Gardez, monsieur, gardez votre heureux caractère.

# SCÈNE X.

M. DE MORINVAL, M. DE PLINVILLE, MADAME
DE ROSELLE.

MADAME DE ROSELLE.

En vérité, voilà des chasseurs bien hardis !

M. DE PLINVILLE.

Comment donc?

MADAME DE ROSELLE.

Ils sont là sept ou huit étourdis,
Qui ne se gênent pas.

M. DE MORINVAL.

Ayez donc une chasse !

M. DE PLINVILLE.

Ils se seront trompés : il faut leur faire grâce.

M. DE MORINVAL.

Mais allez voir, du moins...

M. DE PLINVILLE.

J'y vais... quoiqu'entre nous,
Mon cher, je ne sois point de ces seigneurs jaloux
Qui gardent leur gibier, comme on fait sa maîtresse.
Je sens très bien qu'il faut excuser la jeunesse.
Qu'un jeune homme, en passant, tire sur un perdreau...

M. DE MORINVAL.

On ne vient pas tirer à vingt pas d'un château.

M. DE PLINVILLE.

Aussi j'y vais mettre ordre. En me voyant paroître,
Ils seront plus fâchés que moi-même peut-être.

M. DE MORINVAL.

Ne vous exposez pas.

M. DE PLINVILLE.

A quoi, cher Morinval?
Pourquoi donc voulez-vous qu'on me fasse du mal,
A moi qui n'en ai fait de ma vie à personne?

*(Il sort.)*

# SCÈNE XI.

## M. DE MORINVAL, MADAME DE ROSELLE.

M. DE MORINVAL.

JAMAIS il ne craint rien, jamais il ne soupçonne;
Quel homme!

MADAME DE ROSELLE.

Je voudrois pourtant lui ressembler.
*(A part.)*
Allons, nous voilà seuls. Il est temps de parler.
*(Haut.)*
Vous accusez tout bas madame de Mirbelle,
Monsieur : votre bonheur est retardé par elle.

M. DE MORINVAL.

Je dois m'en consoler, puisque je la verrai.
Encor, si mon bonheur n'étoit que différé!

MADAME DE ROSELLE.

Ce retard, après tout, est fort heureux peut-être.
Quand on doit s'épouser, il faut se bien connoître.

M. DE MORINVAL.

Pour connoître Angélique, il suffit d'un instant;
Et de moi, ce me semble, elle en peut dire autant:
Ma franchise, je crois...

MADAME DE ROSELLE.

Sert d'excuse à la mienne.
Êtes-vous bien, monsieur, sûr qu'elle vous convienne,
Sûr de lui convenir?

M. DE MORINVAL.

Ah! quant au premier point,
Elle me plaît, madame, et vous n'en doutez point.
Je n'ose pas ainsi me flatter de lui plaire.
Peut-être, en ce moment, savez-vous le contraire?
Elle vous l'aura dit.

MADAME DE ROSELLE.

Point du tout, mais... j'ai peur...
Que vous dirai-je enfin? Il s'agit du bonheur.
Vous ne voudriez pas qu'elle fût malheureuse.
Vous avez pour cela l'âme trop généreuse...

M. DE MORINVAL.

Fort bien. Je vous entends : je vois ce qu'il en est.
Vous voulez doucement m'annoncer mon arrêt.

MADAME DE ROSELLE.

Mais... quoique votre peur puisse être mal fondée,
Vous ne feriez pas mal de suivre votre idée,
De savoir, en un mot, si l'on vous aime ou non.
La chose vous regarde.

M. DE MORINVAL.

Oui, vous avez raison;
Et si c'est un refus que sa bouche prononce,
D'abord, quoiqu'à regret, à sa main je renonce;
Et je vous saurai gré de m'avoir averti.

*(Il sort.)*

## SCÈNE XII.

### MADAME DE ROSELLE, *seule.*

C'EST un fort galant homme : il prendra son parti.
Angélique, du moins, n'a plus d'hymen à craindre.
Elle sera peut-être encore bien à plaindre.
Mais son sort peut changer. Toujours est-ce un grand point
De ne pas épouser celui qu'on n'aime point.

FIN DU TROISIÈME ACTE.

# ACTE QUATRIÈME.

## SCÈNE I.

### ANGÉLIQUE, ROSE.

ROSE.

Vous paroissez plus gaie.

ANGÉLIQUE.

Ah! j'ai sujet de l'être.
Morinval à ma main va renoncer peut-être.

ROSE.

Se peut-il?... Il sait donc que vous ne l'aimez point?

ANGÉLIQUE.

Il devroit le savoir. J'ai vu que sur ce point
Il venoit pour sonder le fond de ma pensée :
Il a dû me trouver contrainte, embarrassée :
Et s'il est pénétrant, il se sera douté...

ROSE.

Que ne lui parliez-vous avec plus de clarté?

ANGÉLIQUE.

Je crois en avoir dit assez pour faire entendre
Qu'à mon cœur vainement il espéroit prétendre.
Rose, je me souviens d'avoir dit quelques mots
Assez clairs...

ROSE.

S'il pouvoit nous laisser en repos,
Mademoiselle! alors, toutes deux, ce me semble,
Nous serions, sans mari, bien tranquilles ensemble.

ANGÉLIQUE.

Ah! ma chère, il n'est point de bonheur ici-bas.

ROSE.

Pourquoi, mademoiselle?

ANGÉLIQUE.

Eh mais.. On ne voit pas
Monsieur Belfort, où donc est-il?

ROSE.

Il se promène
Depuis une heure, seul, autour de la garenne.
Il est pensif, rêveur : il a quelques chagrins,
Ou je me trompe fort.

ANGÉLIQUE.

Est-il vrai?

ROSE.

Je le crains.

Il soupire.

ANGÉLIQUE.

Il soupire?... Entre nous, chère Rose...
De ses secrets ennuis t'a-t-il dit quelque chose?

ROSE.

Jamais. Il est discret.

ANGÉLIQUE.

Mais il a tort, je crois,
De demeurer ainsi tout seul au fond des bois.
Mon père, moi, surtout madame de Roselle,
Nous le dissiperions.

ROSE.

Eh oui, mademoiselle.
Si j'allois le chercher moi-même?

ANGÉLIQUE.

Eh bien! vas-y.
Qu'il se rende au château, Rose, et non pas ici.

ROSE.

Oh ! non.

ANGÉLIQUE.

Ne lui dis point que c'est moi qui t'envoie.

(*Rose sort.*)

# SCÈNE II.

### ANGÉLIQUE, *seule*.

DES peines qu'il ressent que faut-il que je croie ?
J'ai les miennes aussi qui me font bien souffrir.
Ce dernier entretien vient sans cesse s'offrir...
Mais chassons une idée... hélas ! trop dangereuse,
Qui ne peut que me rendre à jamais malheureuse.

# SCÈNE III.

### M DE PLINVILLE, ANGELIQUE.

M. DE PLINVILLE.

EN ce lieu solitaire Angélique rêvoit.
Gageons que Morinval en étoit le sujet.

ANGÉLIQUE.

Non, mon père.

M. DE PLINVILLE.

Ma fille avec moi dissimule ?
Ah ! cela n'est pas bien. A quoi bon ce scrupule ?
Pour cacher ton amour, tes soins sont superflus.
Je le sais... Tu rougis ! allons, n'en parlons plus,
Picard, dit-on, me cherche, afin de me remettre
Le paquet... et j'attends surtout certaine lettre...

(*Il voit Picard.*)

Ah ! bon.

(*Il appelle.*)

Picard ?

# SCÈNE IV.

M. DE PLINVILLE, PICARD *tout essoufflé,*
ANGÉLIQUE.

PICARD.

PICARD! vous me faites courir!..

M. DE PLINVILLE.

Pardon.

PICARD.

C'est un valet : il est fait pour souffrir.

M. DE PLINVILLE.

Donne, mon cher Picard, et retourne à ton poste.
    (*En prenant les lettres des mains de Picard.*)
La belle invention que celle de la poste!

PICARD.

Parlons-en.

M. DE PLINVILLE.

Chaque jour, j'écris à mes amis :
Chaque jour, un courrier part et vole à Paris ;
Et, pour me rapporter bientôt de leurs nouvelles,
Il repart à l'instant, et semble avoir des ailes.

PICARD.

Fort bien! vous allez voir que ce sont des oiseaux :
Ils se crèvent pour vous, ainsi que leurs chevaux.
Des ailes! oui.

M. DE PLINVILLE, *lisant.*

Que vois-je? Ah dieu! quelles nouvelles!
Est-il bien vrai?

ANGÉLIQUE.

Mon père, eh mais! quelles sont-elles?

13.

PICARD.

Quoi, monsieur?

M. DE PLINVILLE.

Tous nos fonds de Paris sont perdus.

ANGÉLIQUE.

Ah ciel !

M. DE PLINVILLE.

Dorval au jeu perd deux cent mille écus.
C'est trois cent mille francs que ce jeu-là nous coûte ;
Car le pauvre Dorval manque et fait banqueroute.

PICARD.

Banqueroute, monsieur? Ah ! le maudit fripon !

M. DE PLINVILLE.

Il n'est que malheureux.

PICARD.

Eh ! vous êtes trop bon.
Il vous vole ; je dis que c'est un tour infâme.
(En s'en allant.)
Banqueroute ! ah ! bon dieu ! que va dire madame?

# SCÈNE V.

## M. DE PLINVILLE, ANGÉLIQUE.

ANGÉLIQUE, à part.

JE te rends grâce, ô ciel ! de ce revers fatal :
Je n'épouserai point monsieur de Morinval.

M. DE PLINVILLE.

On est tout étourdi d'une pareille perte.
Pourtant, une ressource encore m'est offerte ;
Et si j'étois tout seul, je me consolerois.
Ma terre, dieu merci, me reste, et j'en vivrois.
Mais, ma fille !.. à quel sort je te vois condamnée !

ANGÉLIQUE.

En quoi donc, plus que vous, serois-je infortunée?

M. DE PLINVILLE.

Hélas! la pauvre enfant, près de se marier!..

ANGÉLIQUE.

Ah! croyez que, bien loin de me contrarier...

M. DE PLINVILLE.

Il est tout naturel, lorsque l'on est jolie,
Jeune, de souhaiter de se voir établie.
Et toi, dans l'âge heureux des plaisirs, des amours,
Tu vas donc près de nous user tes plus beaux jours!
Ma fille, je te plains.

ANGÉLIQUE, *vivement.*

      Gardez-vous de me plaindre.
C'étoit l'hymen pour moi, l'hymen qu'il falloit craindre.
Non, vous ne savez pas à quel point je souffrois...
En m'éloignant de vous, j'étouffois mes regrets;
Dans un profond chagrin alors j'étois plongée.
Au contraire, à présent, je me vois soulagée,
En songeant que de vous rien ne peut m'arracher.
  *( Tendrement, et en le caressant.)*
Mon père, à vos côtés je prétends m'attacher.
Je veux vous prodiguer mes soins et mes services;
J'en ferai mon bonheur, j'en ferai mes délices.
Que me manquera-t-il? vous m'aimez: près de vous,
Ah! pourrois-je jamais regretter un époux?

M. DE PLINVILLE.

Chère enfant! que ces mots ont flatté mon oreille!
Je n'éprouvai jamais une douceur pareille.
Ainsi donc, comme un baume en notre affliction,
Le ciel nous envoya la consolation.

Par elle on souffre moins.... On souffre moins! que dis-je?
Il faut plaindre celui qui jamais ne s'afflige,
Et que les coups du sort n'avoient point accablé :
Il n'a pas le bonheur de se voir consolé.
Pour moi, toujours content, sans chagrins, sans alarmes,
Je n'avois point encor versé de douces larmes.
Personne, jusqu'ici, ne m'avoit plaint, hélas !
Je me croyois heureux, et je ne l'étois pas.
Mais, dis, est-il bien vrai? faut-il que je te croie ?
N'as-tu point de regret?

ANGÉLIQUE.

Non, ma plus douce joie
Est d'adoucir vos maux, et de les partager.

M. DE PLINVILLE.

Mes maux, s'il est ainsi, n'ont rien que de léger.
Nous serons pauvres, soit : nous verrons moins de monde.
Ma femme dit qu'ici le voisinage abonde.
On sera plus discret : mais nous nous suffirons,
Et ce sera pour nous, enfin, que nous vivrons.

ANGÉLIQUE.

Vous savez que toujours j'aimai la solitude.

M. DE PLINVILLE.

Je le sais; et de plus, tu te plais à l'étude.
On ne peut s'ennuyer avec ces deux goûts-là,
Tiens, vois-tu? je me fais une fête déja
De vivre seul avec ma petite famille,
Entre ma chère femme et mon aimable fille.
J'aurai moins de laquais, et j'en serai ravi :
Par un seul domestique on est bien mieux servi.
Nous vivrons gais, contents : que faut-il davantage?
Nous nous aimerons bien ; nous aurons en partage

Les vrais trésors, la paix, le travail, la santé,
Et... le premier des biens, la médiocrité.

ANGÉLIQUE.

Je sens bien ce bonheur : vous savez mieux le peindre.

# SCÈNE VI.

M. ET MADAME DE PLINVILLE, ANGÉLIQUE.

M. DE PLINVILLE *court à sa femme.*

MA chère amie, au lieu de gémir, de me plaindre,
J'arrange un plan !

MADAME DE PLINVILLE.

Eh bien ! je vous l'avois prédit.
Vous vous en souvenez, je vous ai toujours dit :
« Monsieur, encore un coup, cette somme est trop forte
« Pour l'exposer ainsi ; de grâce... » Mais n'importe !
Il a voulu courir les risques...

M. DE PLINVILLE.

J'en conviens ;
Mais quoi, le mal est fait.

MADAME DE PLINVILLE.

Eh ! oui, je le sais bien ;
Aussi, je viens déjà d'y trouver un remède ;
Car il faut toujours, moi, que je vienne à votre aide.

M. DE PLINVILLE.

Quoi?

MADAME DE PLINVILLE.

Je suis décidée à quitter ce pays.

M. DE PLINVILLE.

Comment?

MADAME DE PLINVILLE.

Dans quatre jours nous partons pour Paris ;
Et vous aurez, je crois, la bonté de nous suivre.

M. DE PLINVILLE.

Expliquez-vous.

MADAME DE PLINVILLE.

       Ici je ne prétends plus vivre.
Si vous ne craignez point, vous, d'être humilié,
J'aurois trop à rougir aux lieux où j'ai brillé.

M. DE PLINVILLE.

Mais, pour vivre à Paris, ma fortune est trop mince :
Au lieu que nous serions à notre aise en province.

MADAME DE PLINVILLE.

Bon! l'on fait à Paris la dépense qu'on veut :
Il faudroit faire ici beaucoup plus qu'on ne peut.
J'ai pesé tout cela : nous vendrons notre terre.
Je vais à ce sujet écrire à mon notaire.

M. DE PLINVILLE.

Mais quelle promptitude!

MADAME DE PLINVILLE.

         Il faut saisir l'instant ;
C'est le jour du courrier, l'heure presse ; on m'attend :
Venez me retrouver, et vous verrez ma lettre.

M. DE PLINVILLE.

Je crois que tout cela peut fort bien se remettre.
Nous en reparlerons.

       (Madame de Plinville sort.)

# SCÈNE VII.

## M. DE PLINVILLE, ANGÉLIQUE.

ANGÉLIQUE.

       Eh quoi! si promptement
Vous pourriez consentir à cet arrangement?

M. DE PLINVILLE.

Consentir? point du tout. L'affaire n'est pas faite.
Je tiens à mon projet : oui, je te le répète.
Mais, de ma part, vois-tu, trop d'obstination,
N'auroit fait qu'affermir sa résolution.
Je la connois. Au lieu qu'à soi-même laissée,
Ma femme, dès demain, peut changer de pensée.
Je dispute toujours le plus tard que je puis.

# SCÈNE VIII.

## M. DE MORINVAL, M. DE PLINVILLE, ANGÉLIQUE.

M. DE MORINVAL, *de loin, à part, sans les voir.*

Où donc le rencontrer? partout je le poursuis.
Mais je le vois... Allons, dégageons ma parole.

(*Haut.*)

Nous nous flattions tous deux d'un espoir trop frivole,
Cher Plinville. A regret, je viens vous déclarer...
Je ne puis plus long-temps vous laisser ignorer...

M. DE PLINVILLE.

Mon ami, je sais tout. Dorval fait banqueroute :
Je perds cent mille écus.

M. DE MORINVAL.

Cent mille écus?

M. DE PLINVILLE,

Sans doute.

M. DE MORINVAL.

(*A part.*)

Je l'ignorois. O ciel ! je venois renoncer
A sa fille : de moi qu'auroit-on pu penser?

M. DE PLINVILLE.

Je sens bien qu'entre nous il n'est plus d'hyménée.

M. DE MORINVAL.

Au contraire.

M. DE PLINVILLE.

Ma fille est toute résignée.
Quant à moi, je ne suis malheureux qu'à demi;
Car, si je perds un gendre, il me reste un ami.

M. DE MORINVAL.

Eh mais! je n'entends point ce que vous voulez dire,
Comment, vous avez cru que j'irois me dédire,
A cause du revers qui vous est survenu?
Mon ami, je croyois vous être mieux connu.
Trop heureux d'être époux de votre aimable fille!

ANGÉLIQUE, à part.

Dieu!

M. DE PLINVILLE.

Vous voulez encore être de la famille?

M. DE MORINVAL.

Plût au ciel!

M. DE PLINVILLE.

A ce trait me serois-je attendu?
Mais nous venons de perdre...

M. DE MORINVAL.

Elle n'a rien perdu;
Et moi, lorsque je songe aux vertus qu'elle apporte,
Je trouve que sa dot est encore assez forte.

M. DE PLINVILLE.

(Émerveillé.)

Eh bien! ma fille.... Mais qu'as-tu donc?

ANGÉLIQUE.

Je n'ai rien.

M. DE MORINVAL.

Cependant...

ANGÉLIQUE.

En effet... je ne me sens pas bien.

Vous permettez?

(Elle sort.)

# SCÈNE IX.

## M. DE MORINVAL, M. DE PLINVILLE.

M. DE PLINVILLE.

Ce trait vient d'exciter en elle

Une émotion vive et toute naturelle :

C'est que ma fille sent un noble procédé !

M. DE MORINVAL.

Vous croyez?...

M. DE PLINVILLE.

Je le crois, j'en suis persuadé.

M. DE MORINVAL, tristement.

Ah ! cher Plinville !...

M. DE PLINVILLE.

Allons ! nouvelle inquiétude !

Angélique a besoin d'un peu de solitude;

Voilà tout.

M. DE MORINVAL.

Pardonnez : j'en ai besoin aussi.

M. DE PLINVILLE.

Et vous allez encor nourrir votre souci.

M. DE MORINVAL.

J'en ai sujet.

(Il sort.)

# SCÈNE X.

### M. DE PLINVILLE, *seul.*

Toujours s'affliger, toujours craindre !
Je le plains.... hai, je puis avoir tort de le plaindre.
Il aime le chagrin ; et peut-être, ma foi,
Est-il, à sa manière, heureux autant que moi.

# SCÈNE XI.

### M. DE PLINVILLE, M. BELFORT.

#### M. DE PLINVILLE.

Apprenez, cher Belfort, un trait charmant, sublime,
Qui va pour Morinval augmenter votre estime.
Vous savez mon malheur...

#### M. BELFORT.

         J'en suis bien affligé,
Et je venois ici...

#### M. DE PLINVILLE.

        Je vous suis obligé.
Morinval, à l'instant, vient aussi de l'apprendre;
Mais croiriez-vous qu'il veut toujours être mon gendre?

#### M. BELFORT.

Quoi ! se peut-il?

#### M. DE PLINVILLE.

       Voyez quel bonheur est le mien !
Pour moi d'un petit mal il résulte un grand bien.
Mais, adieu ; car je vais conter tout à ma femme.

                  *(Il sort.)*

## SCÈNE XII.

### M. BELFORT, seul.

D'un mot, sans le savoir, il déchire mon âme.
Allons, il faut partir : voilà l'instant fatal.
Ne soyons pas témoin du bonheur d'un rival...
Du bonheur? Mais est-il bien sûr qu'il ait su plaire?
J'ai quelquefois osé soupçonner le contraire.
Ce matin... je ne sais si je me suis trompé;
Mais un mot, un regard, un soupir échappé...
Gardons-nous de saisir ces vaines apparences :
Je dois partir encor, si j'ai des espérances.
Je ne la verrai point. Qu'elle ignore à jamais
Ce que j'étois, surtout à quel point je l'aimois.
Je vais poursuivre ailleurs ma pénible carrière,
Seul, triste, abandonné de la nature entière,
Sans secours, n'emportant avec moi qu'un seul bien,
C'est un cœur qui du moins ne me reproche rien :
Oui, je pars.

## SCÈNE XIII.

### M. BELFORT, ROSE.

ROSE.

Vous partez?

M. BELFORT.

Pourquoi donc me surprendre?

ROSE.

J'accourois vous chercher. Mais que viens-je d'entendre?
Monsieur, est-il bien vrai?

M. BELFORT.

Oui, Rose, je m'en vais.

ROSE.

Quoi! vous vous en allez? pour toujours?

M. BELFORT.

Pour jamais.

ROSE.

Ah! bon dieu! mais pourquoi?

M. BELFORT.

Pardon, ma chère Rose:
Je pars, et je ne puis vous en dire la cause.

ROSE.

Vous auroit-on ici donné quelques chagrins?

M. BELFORT.

Non, aucun : de personne ici je ne me plains.

ROSE.

Pauvre Angélique! hélas! que je vais la surprendre!
A cet événement elle est loin de s'attendre.
Voyez! tous les malheurs lui viennent à la fois.

M. BELFORT.

Mais... mon départ n'est pas un grand malheur, je crois.

ROSE.

Je sais ce que je dis. Je connois ma maîtresse,
Et je vois bien à vous comme elle s'intéresse.
Puis, j'en juge par moi : d'ailleurs, il est si tard!
Encor vous êtes seul : ah! mon dieu! quel départ!

M. BELFORT.

Ce tendre adieu me touche.

ROSE.

Et vous partez?

# SCÈNE XIV.

LES MÊMES, MADAME DE ROSELLE.

ROSE.

MADAME...,
Vous me voyez chagrine, et jusqu'au fond de l'âme.
Monsieur Belfort s'en va, mais s'en va tout-à-fait.

MADAME DE ROSELLE, à M. Belfort.
Et quel sujet, de grâce?..

ROSE.

Il n'a point de sujet.

MADAME DE ROSELLE.
Allez, Rose.

ROSE, à M. Belfort.
Je puis dire à mademoiselle,
Qu'avant votre départ vous prendrez congé d'elle?

M. BELFORT.
Ne le lui dites pas.

ROSE.

Non? vous avez bien tort.
Adieu donc, pour jamais, adieu, monsieur Belfort.

M. BELFORT.
Adieu de tout mon cœur, adieu, ma chère Rose.

ROSE.
Écrivez-nous du moins; c'est bien la moindre chose.

M. BELFORT.
Oui, Rose; de mon sort je vous informerai.

ROSE part, se retourne, et crie en pleurant.
Marquez-moi votre adresse, et je vous répondrai.

# SCÈNE XV.

## M. BELFORT, MADAME DE ROSELLE.

MADAME DE ROSELLE.

Quoi! vous partez, monsieur? quelle raison soudaine?...

M. BELFORT.

J'en ai mille, qu'ici vous devinez sans peine.

MADAME DE ROSELLE.

Oui, malgré l'amitié que je puis vous porter,
Je sens que plus long-temps vous ne pouvez rester.

M. BELFORT.

Recevez mes adieux, et croyez que l'absence
Ne fera qu'ajouter à ma reconnoissance.

MADAME DE ROSELLE.

Vous ne m'en devez point. Hélas! j'aurois voulu
Faire bien plus pour vous : j'ai fait ce que j'ai pu.
Je n'oublierai jamais votre rare conduite,
Votre discrétion, et surtout cette fuite.
Je compte aussi, monsieur, sur votre souvenir.

M. BELFORT.

Croyez, madame...

MADAME DE ROSELLE.

Ah çà! qu'allez-vous devenir?

M. BELFORT.

Vers mon père, à Paris, je vais d'abord me rendre.

MADAME DE ROSELLE.

C'est le meilleur parti que vous ayez à prendre.
Dites-lui bien... Mais quoi! je vois près de ces lieux
Quelqu'un rôder d'un air assez mystérieux.

# SCÈNE XVI.

UN POSTILLON *en veste bleue, avec la plaque d'ar-*
*gent;* M. BELFORT, MADAME DE ROSELLE.

MADAME DE ROSELLE.

Eh bien ! qu'est-ce ?

LE POSTILLON.

Excusez mon embarras extrême.
De ma commission je suis surpris moi-même.
Car, ordinairement, je ne vais guère à pied ;
Mais je suis complaisant... quand je suis bien payé.

M. BELFORT.

Çà, que demandez-vous ?

LE POSTILLON.

Pardon... mais, pour bien faire,
Il faudroit, à la fois, et parler et se taire.
A ma place, un nigaud vous avoueroit d'abord
Qu'il demande un monsieur... qui se nomme Belfort...

M. BELFORT.

Mais c'est moi.

LE POSTILLON.

Dans les yeux nous savons un peu lire.

MADAME DE ROSELLE.

A la bonne heure ; mais qu'avez-vous à lui dire ?

LE POSTILLON.

Oh ! rien du tout, madame ; et je n'ai dans ceci
Qu'à remettre à monsieur le billet que voici.
             (*Il donne un billet à M. Belfort.*)

M. BELFORT.

De quelle part ?

LE POSTILLON.

Monsieur le verra dans la lettre.

M. BELFORT.

Ah!.. madame, pardon, vous voulez bien permettre?

MADAME DE ROSELLE.

Monsieur, je vous en prie.

(*Au postillon, pendant que M. Belfort décachète et ouvre le billet.*)

Eh mais! vraiment, l'ami,
Vous ne paroissez gai ni plaisant à demi.

LE POSTILLON.

J'ai couru le pays, et j'ai vu bien du monde :
Cela fait que je sais comme il faut qu'on réponde.

M. BELFORT.

Ah! madame!..

MADAME DE ROSELLE.

D'où vient ce mouvement soudain?

M. BELFORT.

C'est de mon père.

MADAME DE ROSELLE.

Bon!

M. BELFORT.

Je reconnois sa main.

LE POSTILLON.

Dès le premier abord, j'ai su vous reconnoître.

M. BELFORT.

C'est lui : de mes transports je ne suis point le maître.

(*Il lit haut.*)

Voici ce qu'il m'écrit : « Viens, accours promptement,
« Mon ami : tu suivras celui que je t'envoie...

LE POSTILLON.

Oui, monsieur.

M. BELFORT, *continuant de lire.*

« Je t'écris avec bien de la joie,
« Et je ne doute point de ton empressement. »
(*Au postillon.*)
Oh ! non. Est-il bien loin ?

LE POSTILLON.

A la poste voisine.

M. BELFORT.

Bien portant ?

LE POSTILLON.

A merveille. Il a fort bonne mine,
Une gaîté charmante.

M. BELFORT.

Il paroît donc heureux ?

LE POSTILLON.

Mais il en a bien l'air. C'est qu'il est généreux !..
Comme un roi. Nous ferions des fortunes rapides,
Si les courriers payoient sur ce pied-là les guides.

MADAME DE ROSELLE.

Vous êtes postillon ?

LE POSTILLON.

Madame, à vous servir ;
Et chacun vous dira que je mène à ravir.

MADAME DE ROSELLE.

(*A M. Belfort.*)
Eh bien ! menez monsieur. Partez donc tout de suite.

M. BELFORT.

Oui, madame.

MADAME DE ROSELLE.

Avec lui revenez au plus vite.
Qu'il vienne ce soir même, et qu'il vienne en ce lieu.

M. BELFORT.

Croyez qu'il y viendra, madame.

MADAME DE ROSELLE.

Sans adieu.

LE POSTILLON.

Allons, mon officier, venez voir votre père.
Je n'ai pas mal rempli mon message, j'espère.
N'auroit-on à porter qu'une lettre, un billet,
Il faut, autant qu'on peut, faire bien ce qu'on fait.

FIN DU QUATRIÈME ACTE.

# ACTE CINQUIÈME.

---

## SCÈNE I.

### M. DE PLINVILLE, *seul.*

J'AI donc dit à mes gens qu'il falloit se résoudre
A me quitter : pour eux, hélas ! quel coup de foudre !
Leur désolation m'afflige, en verité....
Mais il est doux pourtant d'être ainsi regretté.
Si je m'étois défait du jardinier, de Rose,
Et du bon vieux Picard, c'étoit bien autre chose !
Pour Belfort, près de moi je le garde à jamais :
C'est un ami plutôt qu'un secrétaire.... Eh ! mais,
Que veut Picard? il reste, il vient me rendre grâce.

## SCÈNE II.

### M. DE PLINVILLE, PICARD.

#### M. DE PLINVILLE.

Eh bien, es-tu content? tu conserves ta place.

#### PICARD.

Point du tout, car je viens demander mon congé.

#### M. DE PLINVILLE.

Mais c'est toi que je veux garder.

#### PICARD.

Bien obligé :
Mais moi je veux sortir, voilà la différence.

#### M. DE PLINVILLE.

Pourquoi?

PICARD.

Parce qu'il est plus naturel, je pense,
Que je m'en aille, moi. Vous voulez renvoyer
Du monde ; c'est à moi de partir le premier,
Car je suis le plus vieux.

M. DE PLINVILLE.

Tu m'es trop nécessaire :
Je suis accoutumé...

PICARD.

Je n'y saurois que faire.
Et d'ailleurs, je suis las de servir : en deux mots,
Je vais me reposer.

M. DE PLINVILLE.

Eh mais ! c'est un repos,
Une retraite enfin que ton service.

PICARD.

Peste !
Une belle retraite ! et c'est moi seul qui reste !

M. DE PLINVILLE.

Tout est changé, Picard. Nous allons à Paris.

PICARD.

Raison de plus, monsieur. Je reste en mon pays.
Enfin, je vous l'ai dit, je veux être mon maître.

M. DE PLINVILLE.

Quoi ! tu veux me quitter, après m'avoir vu naître,
Toi qui devois et vivre et mourir avec moi ?

PICARD.

Il vaut encore mieux vivre et mourir chez soi.

M. DE PLINVILLE.

Je t'aimois, je croyois que tu m'aimois de même.

PICARD.

Cela n'empêche pas, monsieur, qu'on ne vous aime.

Mais, après cinquante ans, on est bien aise, enfin,
De vivre un peu tranquille : il faut faire une fin.

M. DE PLINVILLE.

Il a raison ; et c'est peut-être une injustice
D'exiger qu'il me fasse un si grand sacrifice.
Pourquoi vouloir ailleurs l'empêcher d'être heureux ?
Il faut aimer les gens, non pour soi, mais pour eux.
Il va se réunir à son petit ménage,
A sa femme, à ses fils : il est temps, à son âge ;
Et quand j'aurai besoin de lui, je me dirai,
*Il vit content* : alors je me consolerai.
Mais tu pleures, je crois ?

PICARD.

　　　　　Je ne puis m'en défendre.
Moi vous quitter, après ce que je viens d'entendre ?
J'en serois bien fâché. Je reviens sur mes pas,
Monsieur ; si vous voulez, je ne partirai pas.

M. DE PLINVILLE.

Depuis assez long-temps, mon ami, tu travailles ;
Non, non, décidément, je veux que tu t'en ailles.

PICARD.

Voyez donc ! il me chasse au bout de cinquante ans !
Je ne veux plus sortir.

M. DE PLINVILLE.

　　　　　Ne sors pas, j'y consens.
Mais pourquoi te fâcher ainsi depuis une heure ?

PICARD.

J'ai tort. Encore un coup, je veux rester.

M. DE PLINVILLE.

　　　　　　　　　　Demeure.

PICARD.

Pardonnez. Je suis brusque et de mauvaise humeur :
Mais dans le fond, monsieur, croyez que j'ai bon cœur.

M. DE PLINVILLE.

Tu viens de m'en donner une preuve certaine.
Il est vrai qu'un moment tu m'as fait de la peine ;
Mais tu m'as fait encor plus de plaisir.

(*En le serrant dans ses bras.*)

Allons,

Mon vieux ami, jamais nous ne nous quitterons.
Me le promets-tu bien ?

PICARD.

Est-ce encore un reproche ?

M. DE PLINVILLE.

Non, mon cher. Laisse-moi, car Morinval s'approche.

(*Picard sort.*)

(*Il regarde Morinval, qui s'avance, sans le voir.*)

Ma fille a déclaré qu'elle ne l'aimoit pas ;
Il est au désespoir : il soupire tout bas.
Je veux le consoler.

# SCÈNE III.

### M. DE PLINVILLE, M. DE MORINVAL.

M. DE PLINVILLE.

Sortez donc, je vous prie,

Mon cher, de cette sombre et morne rêverie.
Votre malheur, au fond, se réduit à ce point :
C'est que l'on vous a dit qu'on ne vous aimoit point.
Je sens qu'un pareil coup d'abord est un peu rude :
Mais vous voilà guéri de votre incertitude.

M. DE MORINVAL.

Le beau remède !

M. DE PLINVILLE.

Enfin, il vaut mieux, Morinval.
Être, d'avance, instruit de ce secret fatal.
Angélique, d'ailleurs, n'est pas la seule au monde :
Il se peut qu'à vos soins un autre objet réponde.

M. DE MORINVAL.

Je n'en chercherai point : j'en ferai bien le vœu.

M. DE PLINVILLE.

Tenez, s'il faut qu'ici je vous fasse un aveu,
J'approuve ce dessein. Dans un champêtre asile,
Vous menez une vie assez douce et tranquille ;
Surtout, vous êtes libre ; oui, peut-être, en effet,
Le veuvage, après tout, est-il mieux votre fait.

M. DE MORINVAL.

Vos consolations m'irriteroient, je pense,
Si je n'avois déja pris mon parti d'avance.
Mais je l'ai pris. Ceci ne m'a point étonné.
Je déplais ; dès long-temps je l'avois soupçonné :
Je suis heureux ici, comme dans tout le reste.
Aussi ce n'étoit point cela, je vous proteste,
Qui me faisoit rêver : je voudrois aujourd'hui,
Ne pouvant rien pour moi, travailler pour autrui.

M. DE PLINVILLE.

Comment ?

M. DE MORINVAL.

Oui, vous serez de mon avis, j'espère.
Je viens de découvrir un important mystère.

M. DE PLINVILLE.

Ah ! voyons.

M. DE MORINVAL.

Angélique est rebelle à mes vœux ;
Mais vous ne savez pas qu'un autre est plus heureux.

M. DE PLINVILLE.

Bon ! un autre ?

M. DE MORINVAL.

Oui, vraiment.

M. DE PLINVILLE.

Et quel est donc cet autre ?

M. DE MORINVAL.

C'est Belfort.

M. DE PLINVILLE.

Belfort ?

M. DE MORINVAL.

Oui.

M. DE PLINVILLE.

Quelle erreur est la vôtre !
Mais vous n'y pensez pas.

M. DE MORINVAL.

Vous pouvez, à présent,
Rire, vous récrier, trouver cela plaisant :
Il n'en est pas moins vrai que votre fille l'aime,
J'en suis sûr.

M. DE PLINVILLE.

Quoi ! vraiment ?... ma surprise est extrême.

M. DE MORINVAL.

Ils s'aiment... d'un amour sage, honnête, discret :
Il l'aime sans le dire, elle brûle en secret.
Cette honnêteté même est ce qui m'intéresse,
Et je veux, près de vous, protéger leur tendresse.
Écoutez : je suis riche, et plus que je ne veux.
Je suis veuf... pour toujours, sans enfants, sans neveux.

J'aime Belfort, je veux lui tenir lieu de père.
Il me paroît bien né, sensible, doux; j'espère
Qu'aidé de mon crédit, il fera son chemin,
Et d'Angélique, un jour, méritera la main.
Et moi, dès aujourd'hui, mon ami, je m'engage
A donner à Belfort ma terre en mariage.

M. DE PLINVILLE.

Laissez-moi respirer. Quel dessein généreux!
Eh quoi! mon cher ami, vous faites des heureux,
Et vous doutez encor si vous-même vous l'êtes!...
Mais que de ces enfants les amours sont discrètes!
Moi, j'en estime encore une fois plus Belfort.
Angélique est aimable; il l'aime, il n'a pas tort;
Ni ma fille non plus, car il est fait pour plaire.

M. DE MORINVAL.

Votre nièce s'avance. Ayons soin de nous taire.

## SCÈNE IV.

### MADAME DE ROSELLE, M. DE PLINVILLE, M. DE MORINVAL.

MADAME DE ROSELLE, *de loin, à part.*

Il faut les écarter de notre rendez-vous.
            (*Haut.*)
Encore ici, messieurs? Eh mais, qu'y faites-vous?
Ma tante se plaint fort, et dit qu'on l'abandonne,
Qu'on se promène : au fond, elle a raison.

M. DE PLINVILLE.

                              Pardonne.

MADAME DE ROSELLE.

Savez-vous qu'en effet cela n'est pas galant?

15.

M. DE MORINVAL,

Monsieur me consoloit.

MADAME DE ROSELLE.

Mon oncle est consolant,
Je le sais ; mais, de grâce, allez trouver ma tante.

M. DE PLINVILLE.

Oui, dès qu'elle me voit, elle paroît contente.
Adieu. Redites-moi vos résolutions ;

( Bas, à Morinval, en s'en allant.)

Car j'aime avec transport les belles actions.

# SCÈNE V.

MADAME DE ROSELLE, *seule.*

La place est libre, au moins pour quelque temps, j'espère,
Et Belfort, à présent, peut amener son père.
Ce jeune homme m'inspire une tendre amitié.
Cette pauvre cousine aussi me fait pitié.
Je voudrois les servir, et venir à leur aide.
Ne pourrai-je à leurs maux apporter de remède ?

# SCÈNE VI.

M. BELFORT, MADAME DE ROSELLE.

MADAME DE ROSELLE.

C'est vous, monsieur ! quoi ! seul ? pourquoi n'avez-vous pas
Amené votre père ?

M. BELFORT.

Il est à deux cents pas,
Au bois de Rochefort.

MADAME DE ROSELLE.

Qui l'empêchoit, de grâce,
De venir avec vous jusque dans cette place ?

M. BELFORT.

En voici la raison : il diffère d'entrer,
Parce qu'il ne veut pas encor se déclarer.
D'abord je vous annonce une grande nouvelle :
La fortune pour lui cesse d'être cruelle.
Le jeu le ruina : par un nouveau retour,
Le jeu, plus que jamais, l'enrichit en ce jour.
Et moi, sentant qu'enfin mon sort n'est plus le même,
Que je puis, au contraire, enrichir ce que j'aime,
J'ai tout dit à mon père. Il approuve mon feu,
Et consacre à son fils tout le produit du jeu.

MADAME DE ROSELLE.

C'est le placer fort bien.

M. BELFORT.

            Ce n'est pas tout encore.
On aime à se vanter de ce qui nous honore.
J'ai parlé des bontés que vous aviez pour moi ;
Et je vous ai nommée... « O ciel ! (dit-il) eh quoi ?
« Madame de Roselle ! elle doit m'être chère :
« Une tendre amitié m'unissoit à son père. »
Enfin il veut vous voir, il veut vous consulter.

MADAME DE ROSELLE.

Un tel empressement a droit de me flatter.

M. BELFORT.

Sur moi, dit-il, il a quelques desseins en tête.
Ainsi vous comprenez le sujet qui l'arrête.
Avant de voir personne, il voudroit vous parler.

MADAME DE ROSELLE.

Au bois de Rochefort hâtons-nous donc d'aller.

M. BELFORT.

Ah ciel ! je vois venir l'adorable Angélique.
Permettez qu'avec elle une fois je m'explique.

MADAME DE ROSELLE.

Pas encor.

M. BELFORT.

Je voudrois savoir si, dans le fond,
On m'aime.

MADAME DE ROSELLE.

L'on vous aime, et je vous en répond.
Laissez-moi lui parler.

# SCÈNE VII.

LES PRÉCÉDENTS, ROSE, ANGÉLIQUE.

ROSE, *de loin, à Angélique.*

Ah dieu! mademoiselle
Monsieur Belfort avec madame de Roselle.

ANGÉLIQUE.

Rose disoit, monsieur, que vous étiez parti.

M. BELFORT.

Qui? moi, quitter ces lieux? jamais... J'étois sorti...
Un moment.

MADAME DE ROSELLE.

Quelquefois un seul moment amène
Bien des choses.

M. BELFORT.

Sans doute; et j'ose croire à peine
Au changement...

MADAME DE ROSELLE, *à M. Belfort.*
(Bas.)          (Haut.)
Paix donc. Qu'on me suive à l'instant.

ANGÉLIQUE.

On ne peut donc savoir...

MADAME DE ROSELLE.

Pardon; l'on nous attend
Pour conclure une affaire... une affaire pressée,
Dans laquelle vous-même êtes intéressée.
Sans adieu.

(*Elle sort avec M. Belfort.*)

# SCÈNE VIII.

### ROSE, ANGÉLIQUE.

ANGÉLIQUE.

Que dit-elle? une affaire où je suis
Intéressée!.. Eh mais! à ceci je ne puis
Rien comprendre.

ROSE.

Ni moi. Monsieur Belfort m'étonne;
Car je l'ai vu partir.

ANGÉLIQUE.

Tiens, Rose, je soupçonne
Qu'il lui vient d'arriver un bonheur imprévu.

ROSE.

Vous croyez? Ah! tant mieux!

ANGÉLIQUE.

Jamais je ne l'ai vu
Si joyeux ni si vif, surtout jamais si tendre.
Il ne m'a dit qu'un mot, qui sembloit faire entendre...
Que te dirai-je, enfin? J'espère, en vérité...

ROSE.

Tout ceci pique aussi ma curiosité.
Voici monsieur. Comment! il est presque en colère.
Pour la première fois, qui peut donc lui déplaire?

# SCÈNE IX.

## ROSE, ANGÉLIQUE, M. DE PLINVILLE.

ANGÉLIQUE.

Mon père, vous semblez fâché?

M. DE PLINVILLE.

J'en fais l'aveu.

Oui, je sens qu'en ce monde il faut souffrir un peu,
Morinval vient de faire une action nouvelle,
Aussi belle que l'autre, et peut-être plus belle...
En faveur de quelqu'un qui ne te déplaît pas,
Ma fille... et dont je fais moi-même un très grand cas.
Mais, par malheur, ce plan ne plaît pas à ta mère.
Nous la pressons en vain : elle a du caractère.
De là quelques débats : moi qui n'y suis point fait,
J'ai laissé Morinval défendre son projet,
Et je viens respirer.

ANGÉLIQUE.

Et ne pourrai-je apprendre...

M. DE PLINVILLE.

Pas encore. Avant peu, ma femme va se rendre;
Car elle a de l'esprit. Puis, tour à tour, il faut
L'un à l'autre céder : moi, j'ai cédé tantôt.
A vendre cette terre elle étoit décidée :
J'ai, quoiqu'avec regret, adopté son idée.

ANGÉLIQUE.

Vous avez consenti?

M. DE PLINVILLE.

Mon enfant, que veux-tu?
Moi je suis complaisant, c'est ma grande vertu.

Nous irons à Paris. Les champs, la capitale,
Toute demeure, au fond, pour le sage est égale.

ANGÉLIQUE.

Partout où vous serez, je serai bien aussi,
Mon père.

ROSE.

Cependant, nous étions bien ici.

M. DE PLINVILLE.

Mais avec Morinval je la vois qui s'avance.
S'ils pouvoient tous les deux être d'intelligence!
Nous serions tous contents.

# SCÈNE X.

## ROSE, ANGÉLIQUE, MADAME DE PLINVILLE, M. DE MORINVAL, M. DE PLINVILLE.

M. DE MORINVAL.

De grâce, permettez,
Madame...

MADAME DE PLINVILLE.

C'est en vain que vous me tourmentez :
(A Angélique.)
Ne me parlez jamais de Belfort. A merveille!
C'est vous qui m'attirez une scène pareille.

ANGÉLIQUE.

Je ne sais pas encor de quoi vous m'accusez.

MADAME DE PLINVILLE.

Vous souffrez près de vous des amants déguisés...

ANGÉLIQUE.

De ce déguisement j'ignore le mystère.
Seroit-il autre chose ici qu'un secrétaire?

L'OPTIMISTE.

MADAME DE PLINVILLE.
Je vous dis qu'il vous aime.

ANGÉLIQUE.

Eh bien donc, je le crois.
S'il lui plaît de m'aimer, est-ce ma faute, à moi?

MADAME DE PLINVILLE.
Vous-même, vous l'aimez.

ANGÉLIQUE.

Qui vous dit que je l'aime?
A peine, en ce moment, si je le sais moi-même.

ROSE.
Et quand cela seroit, je l'aime bien aussi;
Ces messieurs.... tout le monde, en un mot, l'aime ici.

MADAME DE PLINVILLE.
Rose, vous tairez-vous? modérez votre zèle.

ROSE.
Mais, c'est que vous grondez toujours mademoiselle.

M. DE PLINVILLE.
Ne grondons point, ma femme; entendons-nous : causons.
Pour refuser Belfort, quelles sont vos raisons?

MADAME DE PLINVILLE.
C'est un aventurier.

M. DE PLINVILLE.
Madame de Roselle
Connoit beaucoup son père.

MADAME DE PLINVILLE.
Eh bien! tant mieux pour elle.

M. DE PLINVILLE.
Puis, il s'est fait connoître.

MADAME DE PLINVILLE.
Il est, d'ailleurs, sans bien.

M. DE MORINVAL.

Mais, encore une fois, je l'aiderai du mien.

MADAME DE PLINVILLE.

Mais, encore une fois, gardez donc ces largesses :
Nous n'avons pas besoin, monsieur, de vos richesses.

M. DE MORINVAL, à M. de Plinville.

Je n'ai plus rien à dire, et je sors. Vous voyez
S'il faut croire au bonheur que vous me promettiez !
Je ne puis d'Angélique être l'époux moi-même,
Et je ne puis l'unir avec celui qu'elle aime.
Rien ne me réussit ; et, pour dire encor plus,
J'offre mon bien aux gens, et j'essuie un refus.

(Il sort.)

# SCÈNE XI.

## ROSE, ANGÉLIQUE, MADAME ET M. DE PLINVILLE.

M. DE PLINVILLE.

Il est vrai qu'un tel coup me seroit bien sensible.
Seroit-il malheureux? Cela n'est pas possible.
Non, il n'est d'homme à plaindre ici que le méchant.
Morinval d'un bon cœur a suivi le penchant :
Quoique son offre ait eu le malheur de déplaire,
C'est avoir fait le bien, qu'avoir voulu le faire.

ROSE, qui s'étoit rétirée au fond du théâtre, revient en
courant.

Madame de Roselle...

MADAME DE PLINVILLE.

Eh bien?

ROSE.

Est à deux pas ;
Elle amène un monsieur que je ne connois pas.

ANGÉLIQUE.

Un monsieur?

M. DE PLINVILLE.

Quelque ami qui vient me voir...

# SCÈNE XII.

LES MÊMES, MADAME DE ROSELLE, M. DORMEUIL.

MADAME DE ROSELLE.

MA tante,

Permettez que moi-même ici je vous présente
Monsieur, un étranger qui désireroit voir
Votre terre...

MADAME DE PLINVILLE.

Au château nous allons recevoir
Monsieur...

M. DORMEUIL,

Je suis fort bien. A la première vue,
Madame, tout me plaît ; une triple avenue,
Une entrée imposante, un superbe château,
Un parc immense ; enfin, tout est grand, tout est beau.
On sait bien que jamais un acheteur ne loue ;
Mais cette terre, à moi, me plaît, et je l'avoue.

M. DE PLINVILLE.

L'acquéreur même aussi me plairoit en tout point.

MADAME DE ROSELLE.

Oh ! c'est un acquéreur... comme l'on n'en voit point.

MADAME DE PLINVILLE,

Monsieur s'annonce bien.

M. DORMEUIL

Hu... que sait-on ? Peut-être
Gagnerai-je, madame, à me faire connoître.

MADAME DE PLINVILLE.

J'aime à le croire.

M. DORMEUIL.

Eh! mais, ces bois sont enchantés.

Les beaux arbres!

M. DE PLINVILLE.

C'est moi qui les ai tous plantés.

Ces arbres dès long-temps me prêtoient leur ombrage.

M. DORMEUIL.

Ce n'est pas encor là votre plus bel ouvrage.

*(En saluant Angélique.)*

De la terre je vois le plus digne ornement.

M. DE PLINVILLE.

Tout le monde, en effet, nous en fait compliment.

Vous paroissez, monsieur, un digne et galant homme.

M. DORMEUIL.

Au fait, vous estimez votre terre la somme?...

M. DE PLINVILLE.

*(Il arrête et regarde sa femme.)*

Mais je crois qu'elle vaut... Combien [1] ?

MADAME DE PLINVILLE.

Cent mille écus.

M. DORMEUIL.

Je ne contesterai point du tout là-dessus.

Je m'en rapporte à vous.

MADAME DE PLINVILLE.

Un procédé si rare

Me touche.

---

[1] Ce mouvement, cette question, sont un impromptu infiniment heureux de Molé.

M. DORMEUIL.

Il est tout simple. En outre, je déclare
Que j'entends bien payer la terre argent comptant.

M. DE PLINVILLE.

A votre aise.

M. DORMEUIL.

Pardon, c'est un point important,
Qui me regarde seul. Oui, je me crains moi-même.
J'ai sur certain article une foiblesse extrême.
Tenez, il faut qu'ici je vous fasse un aveu.
Le prix de votre terre est un argent du jeu :
Par cet achat du moins je sauve une partie
De six cent mille francs, que dans une partie...

MADAME DE ROSELLE.

Quoi ! vous avez gagné deux fois cent mille écus?

M. DORMEUIL, *souriant.*

On peut bien les gagner, quand on les a perdus.

MADAME DE PLINVILLE.

Quel est celui qui perd une somme si forte?

M. DE PLINVILLE.

Bon ! le connoissons-nous? ainsi, que nous importe?
Voyons celui qui gagne, et non celui qui perd.

MADAME DE ROSELLE.

Eh ! oui.

ANGÉLIQUE.

Le malheureux, sans doute, a bien souffert.

M. DORMEUIL.

Ma foi, c'est un joueur hardi, vif et tenace,
Un petit financier.

MADAME DE PLINVILLE.

Un financier! De grace,
Vous le nommez?

M. DORMEUIL.

Dorval.

MADAME DE PLINVILLE.

Je l'avois soupçonné,

Monsieur, c'est notre bien que vous avez gagné.

M. DORMEUIL.

J'aimerois mieux avoir gagné celui d'un autre :

Mais il pourroit encor redevenir le vôtre ;

Il ne tiendra qu'à vous.

M. DE PLINVILLE.

Comment?

M. DORMEUIL.

Rien n'est plus clair.

Je n'ai qu'un fils, madame, un fils qui m'est bien cher :

Unissez-le, de grâce, avec mademoiselle.

L'argent sera pour vous, et la terre pour elle.

M. DE PLINVILLE.

Monsieur...

M. DORMEUIL.

Vous hésitez, et vous avez raison,

Ne me connoissant pas. Mais Dormeuil est mon **nom.**

Mon habit vous annonce un ancien militaire.

MADAME DE ROSELLE.

Oui, monsieur étoit même un ami de mon père,

N'ayant qu'un seul défaut, et mille qualités.

*(Bas, à Angélique.)*

Ce parti me paroît très sortable. Acceptez.

M. DE PLINVILLE.

Ma fille, tu pourrois rendre cela possible.

MADAME DE PLINVILLE.

*(A M. Dormeuil.)*

Je l'espère. Je suis on ne peut plus sensible

16.

À votre offre, monsieur : je l'accepte.

M. DORMEUIL, *très haut.*

Mon fils,

Venez remercier madame.

# SCÈNE XIII.

LES MÊMES, M. BELFORT.

M. BELFORT.

J'OBÉIS.

MADAME DE PLINVILLE.

Ah! que vois-je?

MADAME DE ROSELLE.

Ceci trompe un peu votre attente.

MADAME DE PLINVILLE.

Comment! voici le fils de monsieur?

MADAME DE ROSELLE.

Oui, ma tante.

M. DE PLINVILLE.

Je ne m'attendois pas à celui-ci, ma foi!
Voyez donc comme enfin tout s'arrange pour moi?

M. DORMEUIL, *à madame de Plinville.*

Madame voudroit-elle, à présent, se dédire?

MADAME DE PLINVILLE.

Monsieur est votre fils : je n'ai plus rien à dire,
Car je rendis toujours justice à ses vertus.

M. BELFORT.

Ah! de tant de bontés vous me voyez confus;
(*A Angélique.*)
Dormeuil vous aime autant que Belfort a pu faire,
Et Belfort et Dormeuil...

ANGÉLIQUE.

Savent **tous deux** me plaire.

ROSE, *à M. Belfort.*

Pour moi, je ne sais pas, monsieur, si j'aurai tort;
Mais je vous nommerai toujours monsieur Belfort.

M. DORMEUIL.

J'ai, depuis quelque temps, essuyé bien des peines.
Enfin la chance tourne : il est d'heureuses veines.

M. DE PLINVILLE.

Moi, je n'ai jamais eu que du bonheur; eh bien !
Je suis, en ce moment, presque étonné du mien.

MADAME DE ROSELLE.

Gardez votre bonheur; il vous sied à merveille.

M. DE PLINVILLE.

C'est qu'on ne vit jamais d'aventure pareille.
Est-ce un rêve? J'en fais assez souvent, dit-on;
Mais ce n'en est pas un qu'ici je fais; oh ! non...

MADAME DE ROSELLE.

La raison ne vaut pas les songes que vous faites.
Puissions-nous être tous heureux comme vous l'êtes!

MADAME DE PLINVILLE.

Il ne sent pas qu'il l'est par hasard, cette fois.

M. DE PLINVILLE.

Qu'importe le hasard, pourvu que je le sois?
En quelque sorte on peut faire sa destinée...
Mais récapitulez avec moi ma journée.
On étoit convenu d'un voyage sur l'eau :
Si nous partions, le feu consumoit le château.
On reste; on l'éteint. Bon. Belfort, mon secrétaire,
Plaît à ma fille, il est fils d'un vieux militaire.
Je perds cent mille écus : fort bien. Voilà d'abord
Que celui qui les gagne est père de Belfort.
Monsieur me fait une offre aussi noble que franche,
Et, sans avoir joué, moi, je prends ma revanche.

Il propose son fils ; et, par un tour plaisant,
Ma femme le reçoit, tout en le refusant ;
Et ma fille, d'abord un peu contrariée,
Au gré de ses désirs se trouve mariée.
Je voudrois bien tenir notre ami Morinval :
Nous verrions s'il diroit encor que tout est mal.

MADAME DE ROSELLE.

S'il alloit, comme vous, devenir optimiste ?

M. DE PLINVILLE.

Je ne sais ; il est né mélancolique et triste,
Et, comme je l'ai dit, sa tristesse lui plaît.
Il faut bien l'excuser : mais, tout chagrin qu'il est,
Peut-être il va sentir que dans la vie humaine,
Le bonheur, tôt ou tard, fait oublier la peine ;
Qu'il n'en est que plus doux, et que l'homme de bien,
L'homme sensible alors peut dire : *tout est bien.*

FIN DE L'OPTIMISTE.

www.ingramcontent.com/pod-product-compliance
Lightning Source LLC
Chambersburg PA
CBHW070413090426
42733CB00009B/1649